Günter Rolle

MIKRO WISSEN A-Z

Günter Rolle

MIKRO WISSEN A-Z

Mit 950 Stichworten
und zahlreichen Abbildungen

Register Deutsch-Englisch und Englisch-Deutsch

Springer Fachmedien Wiesbaden GmbH

Der Autor dankt Herrn Eberhard Jordan in der Firma Texas Instruments, Freising, für die freundliche Überlassung der Fotos auf den Seiten 4, 29, 47, 54, 65, 81, 96 und 100.

Die Informationen im vorliegenden Buch werden ohne Rücksicht auf einen eventuellen Patentschutz veröffentlicht. Warennamen werden ohne Gewährleistung der freien Verwendbarkeit benutzt.
Bei der Zusammenstellung von Texten und Abbildungen wurde mit größter Sorgfalt vorgegangen.
Trotzdem können Fehler nicht vollständig ausgeschlossen werden. Verlag und Autor können für fehlerhafte Angaben und deren Folgen weder eine juristische Verantwortung noch irgendeine Haftung übernehmen.
Für Verbesserungsvorschläge und Hinweise auf Fehler sind Verlag und Autor jederzeit dankbar.

1985

Umschlaggestaltung: Peter Lenz, Wiesbaden

ISBN 978-3-528-04329-2   ISBN 978-3-663-14020-7 (eBook)
DOI 10.1007/978-3-663-14020-7

Vorwort

Lieber Leser,

Ende 1985 werden rund 2 Millionen Mikrocomputer zuhause und an unseren Arbeitsplätzen im Einsatz sein. Bis 1988 — so die Marktforscher — wächst diese Zahl auf ca. 4,5 Millionen an. Es wird also nicht mehr lange dauern, bis die Mikrocomputer für die meisten von uns ein ganz alltägliches Denk- und Werkzeug sein werden, deren Verständnis und Beherrschung im Privaten viel Spaß machen kann, im Berufsleben aber unerläßlich sein wird.

„MIKROWISSEN A—Z" erklärt detailliert die wichtigsten Hard- und Software-Fachbegriffe aus dem Bereich der Mikrocomputer. Verwandte Gebiete wie Datenkommunikation und Bildschirmtext, die immer wichtiger werden, sind ebenfalls berücksichtigt. Die Begriffserklärungen werden durch eine Reihe von Abbildungen und Tabellen ergänzt. Abgerundet wird das Buch durch ein Register Deutsch-Englisch / Englisch-Deutsch, so daß das Verständnis englischsprachiger Literatur erleichtert wird.

„MIKROWISSEN A—Z" richtet sich an alle, die sich — aus welchen Gründen auch immer — über dieses faszinierende Gebiet informieren möchten. Es ist ein zuverlässiger Begleiter und Ratgeber beim Studium einschlägiger Kataloge, Zeitschriften und Fachbücher.

Verlag und Autor danken allen Lesern, die uns aus ihrer täglichen Praxis heraus mit Anregungen und Vorschlägen zur Verbesserung und Ergänzung dieses Buches unterstützen.

Günter Rolle

München, im März 1985

A

A
1. Abkürzung für → Akkumulator
2. Ziffer des → Hexadezimalsystems

Abbruch
das meist durch Hardwarefehler im Rechner oder Softwarefehler im Programm begründete Unterbrechen eines ablaufenden Programms durch den Bediener oder das Programm.

Abfrage
1. Das Einholen von Informationen bei → Datenbanksystemen.
2. Das Darstellen gespeicherter Daten (z. B. Umsatz, Lagerbestand) mittels eines → Terminals.
3. Das vom Programm (z. B. durch Vergleichsoperationen) durchgeführte Prüfen, ob eine bestimmte Bedingung erfüllt ist oder nicht.

Ablaufdiagramm
In Ablaufdiagrammen werden die einzelnen Arbeitsgänge einer EDV-Aufgabe im zeitlichen und logischen Zusammenhang durch genormte Symbole grafisch dargestellt. Wichtige Ablaufdiagramme sind der → Datenflußplan und der → Programmablaufplan.

Ablaufverfolgung
das schrittweise Verfolgen des Programmablaufs sowie das Darstellen von interessierenden Register- und Speicherinhalten beim Testen von Programmen mit einem → Entwicklungssystem

Abruf
das Lesen eines Befehls aus dem → Arbeitsspeicher und das Laden in das → Befehlsregister

absolute Adresse
Adresse im → Adreßteil eines → Befehls, die direkt eine → Speicherzelle des → Arbeitsspeichers bezeichnet (auch Maschinenadresse genannt).

absolute Adressierung
Art der Adressierung, bei der → absolute Adressen verwendet werden.

absolutes Programm
Ein absolutes Programm besteht aus Befehlen, in denen der maschineninterne → Befehlscode und die → absoluten Adressen verwendet werden.

Absturz
undefinierter Programmabbruch bei einem Rechner, wodurch meist Daten oder Programmteile verlorengehen.

ACIA
steht für „asynchronous communications interface adapter". Es handelt sich um eine → asynchron arbeitende Schaltung zur Parallel-Serien-Umsetzung bei der Datenübertragung zwischen Rechner (arbeitet intern parallel) und Peripheriegeräten mit serieller → Schnittstelle (z. B. Fernschreiber).

(Bild siehe Seite 2)

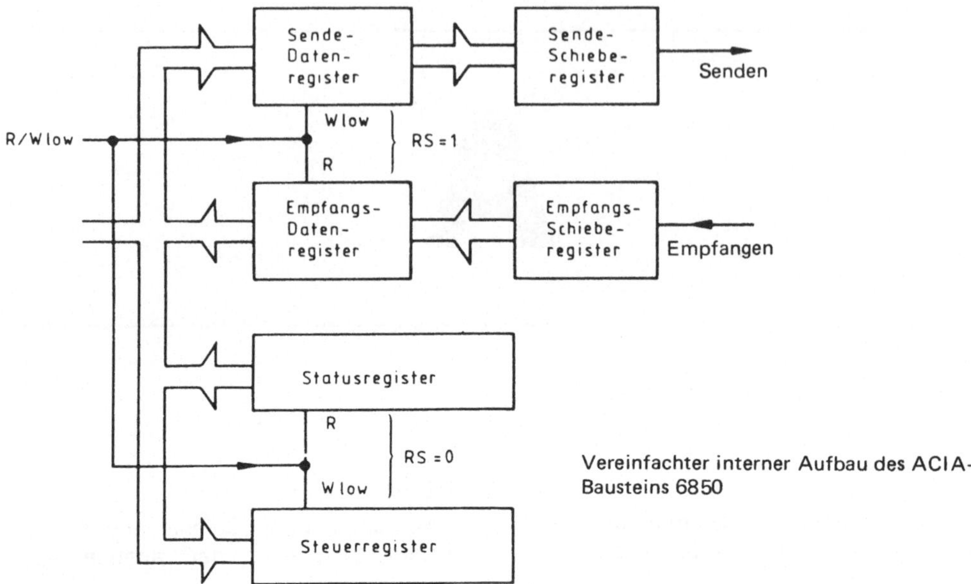

Vereinfachter interner Aufbau des ACIA-Bausteins 6850

ACK

steht für „**ack**nowledgement" (Bestätigung). Steuerzeichen des → ASCII-Codes, das der Empfänger einer Nachricht als Bestätigung an den Sender gibt.

Ada

universelle, d. h.für den kommerziellen, industriellen, technisch-wissenschaftlichen und militärischen Einsatz geeignete → höhere Programmiersprache. Ada wurde Mitte der 70er Jahre auf Betreiben des US-Verteidigungsministeriums entwickelt, um eine zuverlässige, leicht zu prüfende und übertragbare Sprache zu schaffen. In Ada geschriebene Software ist in hohem Maß maschinenunabhängig, da auf die Einhaltung des Sprachstandards – zumindest in den USA – streng geachtet wird. Ada hat im Mikrocomputerbereich noch relativ geringe Bedeutung.

Adapter

Element zum Herstellen von Verbindungen zwischen Systemen, die unterschiedliche Anschlußkonfigurationen haben.

Additionsbefehl

Der → Befehlsvorrat eines Mikroprozessors enthält Additionsbefehle, z. B. „addiere Inhalt eines bestimmten Registers zum Inhalt des Akkumulators". Additionsbefehle gehören zu den → arithmetischen Befehlen eines Mikroprozessors.

Add-on-Products

Hardware- und Software-Produkte, die zu einem existierenden Rechner → kompatibel sind, aber von anderen Herstellern als preiswerte Alternative, zur Erweiterung des Systems oder zur Erhöhung des Programmierkomforts angeboten werden. Ein typisches Beispiel sind z. B. → Speichererweiterungen.

Adreßbus

Eine bei 8-Bit-Rechnern in der Regel 16 Bit breite Mehrfach-Verbindungsleitung zur → bitparallelen Übertragung von → Adressen zwischen Mikroprozessor und Arbeitsspeicher bzw. Mikroprozessor und Eingabe/Ausgabe-Bausteinen. Über einen 16-Bit-Adreßbus lassen sich $2^{16} = 65536$ Speicherzellen ansprechen.

Adresse

Die Plätze in einem Speicher sind durch-numeriert, d. h. jeder Speicherplatz besitzt eine eindeutige Adresse. Über diese Adresse kann auf den Inhalt des Speicherplatzes zugegriffen werden, d. h. man kann ein Datum abspeichern (Zieladresse) oder ein Datum auslesen (Startadresse). Eine Adresse ist ein wichtiger Bestandteil der meisten → Befehle.

Adressenmodifikation

Verändern von Adressen in einem Programm, z. B. durch → Adressenrechnung, um das Programm flexibler und anpassungsfähiger zu machen.

Adressenrechnung

durch arithmetische Operationen (addieren bzw. subtrahieren einer Zahl zur oder von der Ursprungsadresse) gesteuertes Verändern von Adressen während eines Programmlaufs.

adressieren

das Ansprechen eines Speicherplatzes über seine Adresse, um so auf seinen Inhalt zugreifen zu können.

Adressierungsart

In Abhängigkeit vom eingesetzten Mikroprozessor und dessen Registerstruktur stehen verschiedene Adressierungsarten zur Verfügung: → absolute, → direkte, → indirekte, → indizierte, → relative, → unmittelbare Adressierung.

Adreßraum

bei einem Speicher der Bereich von der niedrigsten bis zur höchsten ansprechbaren Adresse.

Adreßregister

Zwischenspeicher zur Aufnahme der Speicheradressen.

Adreßteil

derjenige Bereich eines → Befehls, der die → Operandenadressen enthält.

ADV

steht für „automatische Datenverarbeitung". „Automatisch" bedeutet zwar nicht zwangsläufig „elektronisch", aber man versteht unter „ADV" heute ausschließlich die Datenverarbeitung mit Elektronenrechnern.

A/D-Wandler

→ Analog-Digital-Wandler

Akkumulator

wichtiger Teil des → Rechenwerks eines Mikroprozessors. Der Akkumulator ist ein Register zum Speichern von Operanden vor, bei und nach der Ausführung von arithmetischen und logischen Operationen durch die → arithmetisch-logische Einheit.

Aktuator

Aktuatoren sind Bauteile der Steuerungstechnik, die eine Veränderung am gesteuerten System herbeiführen. Sie können von Mikrocomputern meist nur indirekt über Leistungstreiber angesteuert werden. Beispiele für Aktuatoren sind u. a. Schrittmotoren, Relais, Thyristoren.

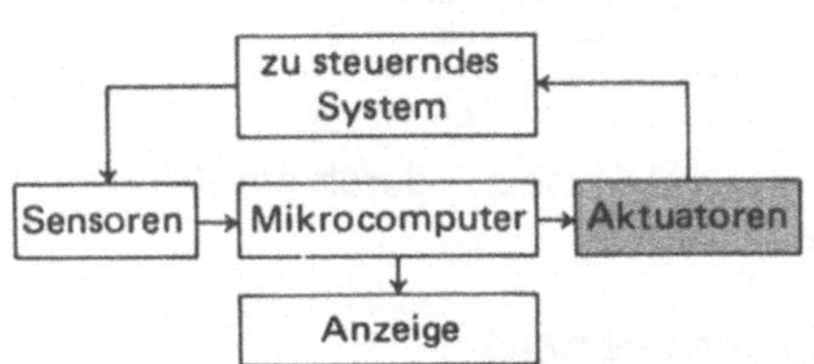

Aktuatoren als Bestandteil von Mikrocomputer-Steuerungen

Akustikkoppler

Hilfsmittel zur Datenübertragung über das Fernsprechnetz. Auf diese Weise können z. B. Daten von → mobilen Terminals zu einem zentralen Rechner gesendet und dort verarbeitet werden (eingesetzt z. B. im Verkaufs-Außendienst). Ein Akustikkoppler, der Daten in Töne umsetzt, wird elektrisch mit dem Terminal und akustisch mit der Sprechmuschel des Telefons verbunden. Danach wird der Empfänger per Telefon angewählt. Auf der Empfangsseite werden die Töne in einem → Modem wieder in digitale Signale umgewandelt, die jetzt einem Rechner zugeführt werden können. Der Einsatz von Akustikkopplern gibt dem Anwender weitgehende Unabhängigkeit, da er praktisch über jedes Telefon erfolgen kann.

ALGOL

steht für „**algo**rithmic **l**anguage" und ist der Name einer → höheren Programmiersprache für mathematisch-wissenschaftliche Aufgaben, die überwiegend im Hochschulbereich eingesetzt wird. Sie wurde Ende der 50er Jahre als ALGOL 60 entwickelt. 1968 entstand die überarbeitete und erweiterte Version ALGOL 68. Vorteilen in der mathematischen Ausdrucksweise stehen Nachteile der Ein-/Ausgabe großer Datenmengen entgegen. Die Bedeutung von ALGOL nimmt ab.

Algorithmus

Ein Algorithmus ist eine eindeutige Regel zur Lösung eines bestimmten Problems. Er wird z. B. durch eine mathematische Formel (Sinusberechnung:

$$\sin x = x - \frac{x^3}{3!} + \frac{x^5}{5!} - \frac{x^7}{7!} + - \ldots) \text{ oder}$$

– bei EDV-Einsatz – durch ein Programm beschrieben.

alphanumerisch

Ein alphanumerischer Zeichensatz umfaßt die Buchstaben des Alphabets und die Ziffern 0 bis 9. Im erweiterten Sinn rechnet man auch → Sonderzeichen dazu.

Alphazeichen

Zeichen, die ausschließlich aus Buchstaben bestehen.

ALU

steht für „arithmetic and logic unit", d. h. → arithmetisch-logische Einheit.

Amerikanische Tastatur

→ Tastatur mit der Buchstabenanordnung QWERTY in der obersten Buchstabenreihe. Sie enthält nicht die deutschen Umlaute Ä, Ö, Ü.

Amerikanische Tastatur mit 12 programmierbaren Funktionstasten (oben)
Foto: Texas Instruments

analog

Als Gegensatz zu „digital" wird „analog" am besten mit dem Begriff „stetig veränderlich" umschrieben. – Bekanntes Beispiel: Meßgerät mit digitaler Anzeige über Ziffern bzw. analoger Anzeige mit Zeiger über einer Skala.

Analog-Digital-Wandler (A/D-Wandler)

In der Steuerungstechnik müssen Umweltgrößen (z. B. Temperatur, Drehzahl) erfaßt und digital in Mikrocomputern weiterverarbeitet werden. Die Umweltgrößen werden durch → Sensoren erfaßt, die ausgangsseitig ein analoges Signal liefern. Analog-Digital-Wandler haben nun die Aufgabe, dieses Analogsignal in ein für die Weiterverarbeitung erforderliches proportionales Digitalsignal umzusetzen. A/D-Wandler werden als → integrierte Schaltungen in vielfältiger Auswahl angeboten, oft bereits für das direkte Zusammenwirken mit Mikrocomputern konzipiert.

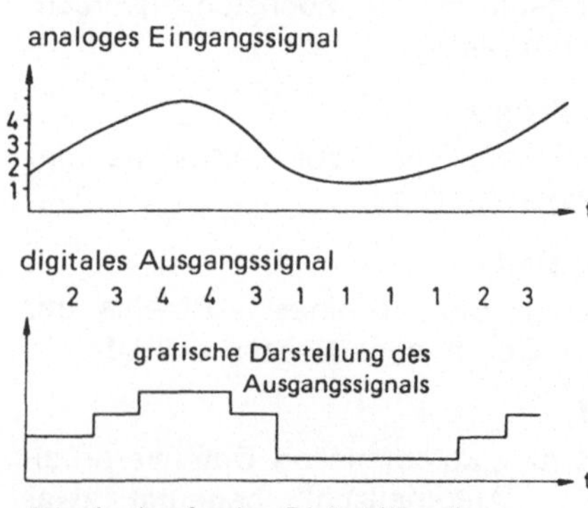

Prinzip der Analog-Digital-Wandlung

Anforderungszeichen
Zeichen auf dem Bildschirm eines Rechners, das den Benutzer zu bestimmten Eingaben auffordert

Animation
das Erzeugen bewegter Bilder durch den Rechner und ihre Darstellung auf dem Bildschirm

Anpassungs-Schaltung
→ Schnittstellen-Schaltung

anschlagfreier Drucker
Drucker, der die gewünschten Zeichen nicht durch mechanischen Anschlag über ein Farbband, sondern durch thermische oder elektrostalische Prozesse auf das (Spezial-)Papier überträgt.

Anschlußstelle
→ Schnittstelle

ANSI
steht für „american national standards institute". Normenausschuß der USA, der z. B. Ende der 70er Jahre eine Grundmenge vom BASIC-Befehlen festgelegt hat.

ANTIOPE
steht für „**A**cquisition **N**umérique et **T**élévisualition d'**I**mages **O**rganisées en **P**ages d'**E**criture". Französisches Text- und Bildübertragungsverfahren, das unserem → Videotext entspricht.

Antivalenz
→ Exklusiv-ODER-Funktion

Antwort
Reaktion eines Rechners auf eine Eingabe. Der Rechner kann den Benutzer z. B. durch bestimmte Zeichen oder Worte auf dem Bildschirm zu weiteren Eingaben auffordern oder bei falschen Eingaben eine Fehlermeldung (ERROR) anzeigen.

Antwortzeit
Zeit, die zwischen dem Ende einer Eingabe in den Rechner durch den Benutzer und dem Abschluß der Reaktion des Systems vergeht. Dazu gehören hauptsächlich die Übertragungszeiten zwischen Terminal und Rechner sowie die Verarbeitungszeit im Rechner.

Anweisung
abgeschlossene Arbeitsvorschrift an einen Rechner. Eine Anweisung kann aus einem → Befehl (bei → maschinenorientierten Sprachen) oder aus mehreren Befehlen (bei → höheren Programmiersprachen) bestehen.

Anwender
ein (Privatmann) oder mehrere (Organisation) Benutzer eines Rechnersystems.

Anwenderprogramm
Während die vom Hersteller eines Rechners mitgelieferten → Systemprogramme zur Organisation und Verwaltung des Rechners dienen, erfüllen die Anwenderprogramme spezielle Datenverarbeitungsaufgaben wie z. B. Fakturierung, Lagerhaltung, Textverarbeitung

	Programme			
Anwenderprogramme		Systemprogramme		
vom Anwender selbst erstellt	von Software-haus fremd bezogen	Steuer-progr.	Dienst-progr.	Übersetzer-progr.
z. B. eigene Rechnungs-schreibung	z. B. Tabellen-kalkulation	z. B. Dialog Mensch-Computer	z. B. Sortier-programm	z. B. Basic, Pascal, Cobol, Fortran

Anwenderprogramme (Problem) und Systemprogramme (Computer)

u. s. w. Der Anwender kann seine Programme selbst schreiben, von → Softwarehäusern schreiben lassen oder als Standardlösung beziehen bzw. auch vom Hersteller erwerben.

Anwendersoftware

Gesamtheit aller → Anwenderprogramme eines Anwenders.

Anwendungsschicht

→ Verarbeitungsschicht

Anwendung von Mikrocomputern

→ Mikrocomputer-Anwendungen

Anzeige

Hilfsmittel zur optischen Darstellung von Ziffern, Buchstaben, Zeichen und Grafiken für den Menschen (Maschine-Mensch-Kommunikation). Dabei kann es sich um eine einzelne Lampe, eine Ziffernanzeigeeinheit oder ein Sichtgerät (→ Monitor) handeln. Anzeigen können → analog oder → digital arbeiten und auf verschiedenen Technologien basieren: Leuchtdioden (oft als Kontrollanzeige verwendet), Flüssigkristallanzeigen (in Taschencomputern eingesetzt), Kathodenstrahlröhren (als Monitor bei Personal Computern).

Anzeigeregister

Register, das die zur Anzeige vorgesehenen Daten speichert.

APL

steht für „a programming language", eine 1962 von Iverson entwickelte → höhere Programmiersprache für komplexe mathematische Anwendungen. Sie ist zur Verarbeitung ganzer Datensätze geeignet, was eine sehr effektive Programmierung ermöglicht. APL ist eine dialogorientierte → Interpreter-Sprache, im Mikrocomputer-Bereich aber noch nicht sehr verbreitet.

Applesoft-BASIC

auf Apple-Rechnern laufende BASIC-Version der Firma Microsoft.

Apple Works

→ integrierte Software, die dem Anwender die Funktionen Textverarbeitung, Datenverwaltung und Kalkulation bietet. Das Programmpaket läuft auf den Rechnern Apple IIE und IIG.

Arbeitsplatzcomputer

→ Personal Computer

Arbeitsspeicher

Speicher zur Aufnahme der jeweils zur Bearbeitung anstehenden Daten und Programme, überwiegend als → Schreib-/Lese-Speicher (RAM) aufgebaut. Vor der Ausführung werden die → Anwenderprogramme von einem externen → Massenspeicher in den internen Arbeitsspeicher geladen. Weiterhin enthält der Arbeitsspeicher auch → Festwertspeicher (ROM) zur Aufnahme bestimmter → Systemprogramme (z. B. Routine für den Systemstart). Zusammengefaßt gilt, daß ein Rechnersystem für universelle Anwendungen viel Schreib-/Lesespeicher-Kapazität enthält im Gegensatz zu einem auf bestimmte Anwendungen spezialisierten System, in dem immer wieder dasselbe Programm abgearbeitet wird (erhöhte Festwertspeicher-Kapazität).

Arcade-Spiel

„Arcade" bedeutet im Amerikanischen „Spielhalle". Die dort verfügbaren Automatenspiele heißen entsprechend „Arcade Games" (Arcade-Spiele). Viele dieser Spiele werden später (modifiziert) auch für Home- und Personal Computer angeboten.

Architektur

Unter der Architektur eines Mikroprozessors versteht man zusammenfassend dessen Aufbau, Organisation und Struktur.

Arithmetik-Prozessor

Zur Entlastung des Hauptprozessors bei umfangreichen arithmetischen Aufgaben kann ein weiterer „schneller Prozessor", der Arithmetik-Prozessor, vorgesehen werden.

arithmetischer Befehl

Der → Befehlsvorrat eines Mikroprozessors enthält verschiedene Arten von → Befehlen, z. B. → Transferbefehle, → Sprungbefehle und arithmetische Befehle. Arithmetische Befehle bewirken Additionen, Subtraktionen, → Inkrementierungen, → Dekrementierungen.

arithmetischer Überlauf

Ein arithmetischer Überlauf entsteht, wenn bei einer arithmetischen Operation das Ergebnis mehr Stellen aufweist als der → Akkumulator oder ein anderes Register aufnehmen kann.

arithmetisch-logische Einheit

Teil des → Rechenwerks eines Mikroprozessors zum Ausführen von arithmetischen und logischen Operationen. Eine arithmetisch-logische Einheit kann z. B. die folgenden Operationen beherrschen: Addition, Subtraktion, → Inkrementierung, → Dekrementierung, → UND-Funktion, → ODER-Funktion, → Exklusiv-ODER-Funktion, → NICHT-Funktion.

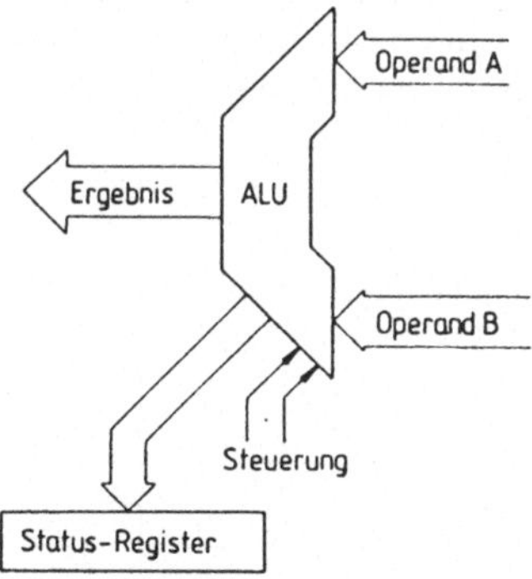

Schematische Darstellung der Arbeitsweise einer arithmetisch-logischen Einheit (ALU)

Array

Datenanordnung, deren Elemente über eine Ordnungszahl angesprochen werden.

ASA

steht für „american standard association", eine amerikanische Vereinigung zur Herausgabe von Normen.

ASCII-Code

ASCII steht für „american standard code for information interchange" (amerikanischer Standard-Code für Informations-Austausch). Dieser weitverbreitete Code benutzt 8 Bit (7 Bit für die Darstellung von $2^7 = 128$ Zeichen, 1 Prüfbit). Der ASCII-Zeichensatz enthält Ziffern, Groß- und Kleinbuchstaben sowie Sonderzeichen.

Steuerzeichen des ASCII-Codes

Platz (Spalte/Zeile)	Kurzzeichen	Benennung
0/0	NUL	Nil (*Null*)
0/1 und weitere	TC	Übertragungssteuerzeichen (*Transmission Control Characters*)
0/1	SOH	Anfang des Kopfes (*Start of Heading*)
0/2	STX	Anfang des Textes (*Start of Text*)
0/3	ETX	Ende des Textes (*End of Text*)
0/4	EOT	Ende der Übertragung (*End of Transmission*)
0/5	ENQ	Stationsaufforderung (*Enquiry*)
0/6	ACK	Positive Rückmeldung (*Acknowledge*)
0/7	BEL	Klingel (*Bell*)
0/8 bis 0/13	FE	Formatsteuerzeichen (*Format Effectors*)
0/8	BS	Rückwärtsschritt (*Backspace*)
0/9	HT	Horizontal-Tabulator (*Horizontal Tabulation*)
0/10	LF	Zeilenvorschub (*Line Feed*)
0/11	VT	Vertikal-Tabulator (*Vertical Tabulation*)
0/12	FF	Formularvorschub (*Form Feed*)
0/13	CR	Wagenrücklauf (*Carriage Return*)
0/14	SO	Dauerumschaltung (*Shift-out*)
0/15	SI	Rückschaltung (*Shift-in*)
1/0	DLE	Datenübertragungsumschaltung (*Data Link Escape*)
1/1 bis 1/4	DC	Gerätesteuerzeichen (*Device Control Characters*)

Platz (Spalte/Zeile)	Kurzzeichen	Benennung
1/5	NAK	Negative Rückmeldung (*Negative Acknowledge*)
1/6	SYN	Synchronisierung (*Synchronous Idle*)
1/7	ETB	Ende des Datenübertragungsblocks (*End of Transmission Block*)
1/8	CAN	Ungültig (*Cancel*)
1/9	EM	Ende der Aufzeichnung (*End of Medium*)
1/10	SUB	Substitutionszeichen (*Substitute Character*)
1/11	ESC	Code-Umschaltung (*Escape*)
1/12 bis 1/15	IS	Informationstrennzeichen (*Information Separators*)
1/12	FS	Hauptgruppen-Trennzeichen (*File Separator*)
1/13	GS	Gruppen-Trennzeichen (*Group Separator*)
1/14	RS	Untergruppen-Trennzeichen (*Record Separator*)
1/15	US	Teilgruppen-Trennzeichen (*Unit Separator*)
2/0	SP	Zwischenraum (*Space*)
7/15	DEL	Löschen (*Delete*)

Assemblersprache

maschinenorientierte Programmiersprache, d. h. jedem Assemblerbefehl entspricht exakt ein Befehl in → Maschinensprache. Die Namen der Assemblerbefehle werden im sog. → mnemonischen Code dargestellt. Dieser Code deutet die Funktion der Befehle an und ist somit für den Anwender leichter les- und merkbar als eine Folge von Nullen und Einsen. Der → Befehlsvorrat des Mikroprozessors 8080 hat z. B. einen → Transferbefehl „lade Akkumulator A mit dem Inhalt des Registers B". Dieser Befehl lautet im mnemonischen Code MOVA, B (MOV steht für engl. move: verschieben) und im Binärcode 01111000. Ein in Assemblersprache geschriebenes Programm muß durch ein spezielles Programm, den → Assemblierer, in die Maschinensprache übersetzt werden. Ein Assemblerprogramm ist maschinenabhängig und in der Erstellung zeitaufwendig, benötigt aber weniger Speicherplatz als ein in einer höheren Sprache geschriebenes Programm und ist in der Verarbeitung schnell. Die Assemblersprache bietet auch die Möglichkeit, mit → Makrobefehlen zu arbeiten.

ASCII-Code

$b_7 b_6 b_5$ →						Spalte →		0	1	2	3	4	5	6	7
b_7								0	0	0	0	1	1	1	1
b_6								0	0	1	1	0	0	1	1
b_5								0	1	0	1	0	1	0	1
b_4	b_3	b_2	b_1	Zeile (dezimal)	(hexadezimal)			0	1	2	3	4	5	6	7
0	0	0	0	0	0			NUL 0	(TC 7) DLE 16	SP 32	0 48	@ (§) 64	P 80	` 96	p 112
0	0	0	1	1	1			(TC 1) SOH 1	DC1 17	! 33	1 49	A 65	Q 81	a 97	q 113
0	0	1	0	2	2			(TC 2) STX 2	DC2 18	" 34	2 50	B 66	R 82	b 98	r 114
0	0	1	1	3	3			(TC 3) ETX 3	DC3 19	# (£) 35	3 51	C 67	S 83	c 99	s 115
0	1	0	0	4	4			(TC 4) EOT 4	DC4 20	$ 36	4 52	D 68	T 84	d 100	t 116
0	1	0	1	5	5			(TC 5) ENQ 5	(TC 8) NAK 21	% 37	5 53	E 69	U 85	e 101	u 117
0	1	1	0	6	6			(TC 6) ACK 6	(TC 9) SYN 22	& 38	6 54	F 70	V 86	f 102	v 118
0	1	1	1	7	7			BEL 7	(TC 10) ETB 23	' 39	7 55	G 71	W 87	g 103	w 119
1	0	0	0	8	8			FE0 (BS) 8	CAN 24	(40	8 56	H 72	X 88	h 104	x 120
1	0	0	1	9	9			FE1 (HT) 9	EM 25	) 41	9 57	I 73	Y 89	i 105	y 121
1	0	1	0	10	A			FE2 (LF) 10	SUB 26	* 42	: 58	J 74	Z 90	j 106	z 122
1	0	1	1	11	B			FE3 (VT) 11	ESC 27	+ 43	; 59	K 75	[(Ä) 91	k 107	{ (ä) 123
1	1	0	0	12	C			FE4 (FF) 12	IS 4 (FS) 28	, 44	< 60	L 76	\ (Ö) 92	l 108		(ö) 124
1	1	0	1	13	D			FE 5 (CR) 13	IS 3 (GS) 29	− 45	= 61	M 77	] (Ü) 93	m 109	} (ü) 125
1	1	1	0	14	E			SO 14	IS 2 (RS) 30	. 46	> 62	N 78	^ 94	n 110	− (ß) 126
1	1	1	1	15	F			SI 15	IS 1 (US) 31	/ 47	? 63	O 79	_ 95	o 111	DEL 127

assemblieren

Übersetzen eines in → Assemblersprache geschriebenen Programms in → Maschinensprache durch den → Assemblierer.

Assemblierer

Programm, das ein in → Assemblersprache vorliegendes Programm in die → Maschinensprache übersetzt. Aus jedem Assemblerbefehl wird dabei ein → Maschinenbefehl.

Assoziativspeicher

Speicher, bei dem man auf den Speicherinhalt nicht aufgrund von Adressen zugreift, sondern aufgrund eines Teils der gespeicherten Daten selbst. Jeder Speicherplatz enthält einen Datenteil, der mit dem Suchbegriff verglichen wird. Bei Übereinstimmung werden die jeweiligen Daten ausgegeben. Alltägliches Beispiel: Suchen in einem Telefonbuch.

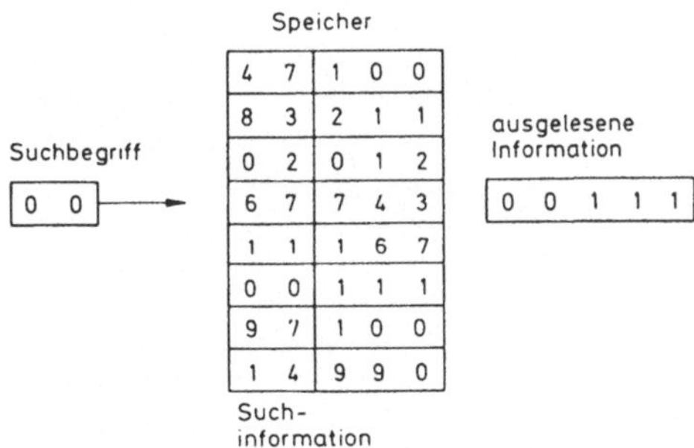

Prinzip des Assoziativspeichers

asynchron

Ein System arbeitet asynchron, wenn die zeitliche Folge der einzelnen Operationen nicht durch einen zentralen Takt gesteuert wird.

auffrischen

Bei → dynamischen Speichern muß der aufgrund von Ladungsverlusten sich verflüchtigende Speicherinhalt in regelmäßigen Abständen (ca. alle 2 ms) durch eine „Auffrischschaltung" aufgefrischt werden. Dadurch bleiben die Daten im Speicher erhalten.

Auflösung

wichtiges Qualitätskriterium für einen Bildschirm. Man versteht darunter den kleinsten Abstand zweier Punkte, die noch getrennt wahrgenommen werden können (kleiner Abstand – hohe Auflösung). Je höher die Auflösung, desto besser und klarer ist das Bild.

Aufruf

Befehl, der die Ausführung eines → Makrobefehls oder eines → Unterprogramms veranlaßt.

Aufwärmzeit

Zeitdauer zwischen dem Einschalten eines Systems und der Betriebsbereitschaft.

aufwärtskompatibel

Ein Rechner A ist zum Rechner B aufwärtskompatibel, wenn der → Befehlsvorrat von Rechner A im Befehlsvorrat von Rechner B enthalten ist, d. h. Rechner B kann Programme von Rechner A verarbeiten – jedoch nicht umgekehrt. Aufwärtskompatibilität ist ein wichtiges Kriterium, wenn ein Anwender von einem kleinen auf ein größeres System umsteigen will.

Aufzeichnung mit doppelter Schreibdichte

Verfahren (modulierte Frequenz-Modulation), um bei einer → Diskette zweimal soviel Bit/Sektor unterbringen zu können, als es bei einfacher Schreibdichte (einfache Frequenz-Modulation) der Fall ist.

Aufzeichnungsdichte

Maß für die Anzahl der Bits, die bei einem Speichermedium pro Inch Spurlänge gespeichert werden können (bpi = bit per Inch)

Ausdruck

Wiedergabe des Bildschirminhalts auf Papier mittels eines Druckers

Ausfallzeit

Zeitdauer, in der ein Rechner aufgrund von Hard- oder Software-Störungen nicht arbeitet

Ausgabe
Wiedergabe von gespeicherten Daten oder Verarbeitungsergebnissen über ein → Ausgabegerät.

Ausgabebefehl
Befehl zum Übertragen von Daten an ein → Ausgabegerät.

Ausgabegerät
Home- und Personal Computer bedienen sich der folgenden Ausgabegeräte: Fernsehempfänger, Monitor, Drucker, Plotter.

Ausgabegeschwindigkeit
wichtiges Kriterium für den Einsatz von Druckern. Typische Ausgabegeschwindigkeiten sind: → Typenraddrucker 20–50 Zeichen/s, → Matrixdrucker 30–200 Zeichen/s.

Ausgaberegister
Register zur Zwischenspeicherung von Daten bis zur Ausgabe an ein Peripheriegerät.

Austastlücke
Mit Austastlücke bezeichnet man den Zeitabschnitt, in dem die Bildröhre eines Fernsehempfängers während der Rückführung des Elektronenstrahls zum Zeilenanfang dunkel gesteuert wird.

austesten
Prüfen von Programmen, ob sie die gewünschten Funktionen korrekt erfüllen.

Automatisierung
Das Ersetzen menschlicher Tätigkeiten durch Maschinen, die ihre Aufgaben weitestgehend selbsttätig erfüllen. Beispiele sind die Datenverarbeitung und die Steuerung industrieller Prozesse.

B

B
Ziffer des → Hexadezimalsystems

Balkencode
→ Strichcode

Balkendiagramm
Art der Darstellung von Grafiken auf dem Bildschirm bzw. beim Drucken oder Plotten. Es gibt vertikale oder horizontale Balkendiagramme.

Band
→ Magnetband

Bar Code
→ Strichcode

BASIC
steht für „beginner's all-purpose symbolic instruction code", eine bei Mikrocomputern weitverbreitete höhere dialog-orientierte Programmiersprache (→ Interpreter-Sprache), von der es mittlerweile eine große Anzahl verschiedener Versionen gibt. Ein Quasistandard ist das BASIC 80 der Firma Microsoft. BASIC wird sowohl im mathematisch-wissenschaftlichen als auch im kommerziellen Bereich eingesetzt. Es ist wegen seiner einfachen, der englischen Sprache entnommenen Befehle leicht zu erlernen, kann aber schnell zu unübersichtlichen Programmen (Spaghetti-Code) führen.

BASIC-Interpreter
→ Interpretierer

Basis
Die Basis ist die Grundzahl eines → Zahlensystems. Das → Dezimalsystem hat die Basis 10, das → Dualsystem hat die Basis 2, und das → Hexadezimalsystem hat die Basis 16. Alle Zahlen werden als Summe der Vielfachen von Potenzen der Basis dargestellt:

$$596 = 5 \times 10^2 + 9 \times 10^1 + 6 \times 10^0$$
$$596 = 1 \times 2^9 + 0 \times 2^8 + 0 \times 2^7 + 1 \times 2^6$$
$$+ 0 \times 2^5 + 1 \times 2^4 + 0 \times 2^3 + 1 \times 2^2$$
$$+ 0 \times 2^1 + 0 \times 2^0$$
$$596 = 2 \times 16^2 + 5 \times 16^1 + 4 \times 16^0$$

Es gilt also:
$$596_{(10)} = 1001010100_{(2)} = 254_{(16)}.$$

Basisadresse
Bei der → relativen Adressierung kann man die → absolute Adresse z. B. dadurch erhalten, daß man zu einer → Distanzadresse die sog. Basisadresse addiert. Die Basisadresse befindet sich im → Basisadreßregister.

Basisadreßregister
Register zum Speichern der → Basisadresse.

BAS-Signal
beim Schwarz/Weiß-Fernsehen das für die Bildübertragung erforderliche Gesamtsignal, das sich aus den folgenden Einzelsignalen zusammensetzt: **B**ildsignal, **A**ustastsignal und **S**ynchronisiersignal.

Batch-Betrieb

→ Stapelbetrieb

Baud

bei der Datenübertragung die Einheit der Schrittgeschwindigkeit (1 Baud = 1 Schritt/s). Unter einem Schritt versteht man dabei ein Signal von festgelegter Dauer, z. B. 1 Bit, 1 Zeichen.

Bausatz

Um Hobbycomputer oder andere Geräte preiswert anbieten zu können, werden diese vom Hersteller oft auch als Bausatz auf den Markt gebracht. Der Käufer übernimmt dann die Montage der einzelnen Komponenten und Bauelemente zu einem funktionstüchtigen Mikrocomputer.

Bausteintext

Text, der aus bestimmten → Textbausteinen aufgebaut wird.

BCC

steht für „**b**lock **c**heck **c**haracter", d. h. → Blockprüfzeichen.

BCD-Code

Der BCD-Code stellt jede Dezimalziffer durch eine der 16 möglichen 4 Bit-Kombinationen (→ Tetraden) dar. Beim sog. 8–4–2–1-Code ist die Zuordnung wie folgt:

Dezimalziffer	Tetrade
0	0000
1	0001
2	0010
3	0011
4	0100
5	0101
6	0110
7	0111
8	1000
9	1001

Die Dezimalzahl 273 wird im 8–4–2–1-BCD-Code demnach folgendermaßen dargestellt: 0010 0111 0011.

Bd

Abkürzung für → Baud

BDOS

Bestandteil des → CP/M-Betriebssystems.

Bedienerführung

Bedienerführung bedeutet, daß die an einem Rechner arbeitende Person durch programmgesteuerte Hinweise auf dem Bildschirm unterstützt wird, z. B. bei der Programmauswahl, der Dateneingabe, der Fehlerkorrektur usw.

Bedienungshandbuch

Zur Hard- und Software von Rechnersystemen werden vom Hersteller (teils recht umfangreiche) Handbücher mitgeliefert, die meist im Systempreis enthalten sind und dem Benutzer technische Daten, Aufstell- und Bedienungsrichtlinien, Anwendungs- und Programmierbeispiele sowie nützliche Tips und Hinweise vermitteln.

bedingter Sprung

Wenn innerhalb eines Programms ein von einer vorgegebenen Bedingung abhängiger → Sprung zu einem anderen Programmteil stattfindet, so spricht man von einem bedingten Sprung.

Bedingungsbit

→ Zustandsbit

Befehl

kleinste Einheit eines Programms, die den Rechner zu einer bestimmten Operation veranlaßt. Ein Befehl besteht aus dem Operationsteil (der die auszuführende Operation definiert, z. B. addieren) und dem Operandenteil (der die Adresse des Speicherplatzes angibt, auf dem sich der benötigte Operand befindet oder den Operanden selbst). Wichtige Befehle

Operationsteil	Operandenteil
Was?	Womit? Woher? Wohin?

+ 4 oder 8 bit   + 4, 8 oder 16 Bit   +
+   8, 16 oder 24 Bit

Prinzipieller Aufbau eines Befehls

sind → Transportbefehle, → arithmetische Befehle, → logische Befehle, → Sprungbefehle. Je nach Länge der Befehlswörter unterscheidet man Einbyte-, Zweibyte- und Dreibytebefehle.

Befehlsadresse
Adresse des Speicherplatzes, auf dem ein Befehl gespeichert ist.

Befehlsaufbau
Unter Befehlsaufbau versteht man die Art und Reihenfolge der einzelnen Befehlsteile im Befehlswort.

Befehlscode
binäre, d. h. aus Nullen und Einsen bestehende Darstellung eines → Maschinenbefehls.

Befehlsdecodierer
Teil des → Leitwerks eines Mikroprozessors, der die im → Maschinenbefehl enthaltenen Nullen und Einsen interpretiert, und die für die Ausführung des Befehls notwendigen Signale an die beteiligten Systemeinheiten sendet.

Befehlsholphase
In dieser Phase wird ein Befehl aus dem → Arbeitsspeicher geholt und in das → Befehlsregister übertragen.

Befehlslänge
Länge eines Befehls in Bits (8/16/24-Bit-Befehl) oder Bytes (Einbyte-, Zweibyte-, Dreibyte-Befehl).

Befehlsregister
Teil des → Leitwerks eines Mikroprozessors, der einen Befehl während seiner Ausführung speichert.

Befehlsvorrat
Menge aller Befehle, die ein bestimmter Rechner oder Mikroprozessor akzeptiert, bzw. die eine bestimmte Programmiersprache dem Benutzer anbietet.

Befehlswort
Wort, das von einem Rechner als Befehl interpretiert werden kann.

Befehlszähler
Register im → Leitwerk eines Mikroprozessors, das die Adresse des nächsten auszuführenden Befehls enthält. Der Befehlszähler – auch Programmzähler genannt – bestimmt also die Reihenfolge, in der die Befehle eines Programms abgearbeitet werden.

Befehlszyklus
Hierunter versteht man die Zeitspanne, innerhalb derer ein Befehl aus dem → Arbeitsspeicher in das → Befehlsregister geholt, vom → Befehlsdecodierer decodiert und anschließend ausgeführt wird. Ein Befehlszyklus umfaßt mehrere → Maschinenzyklen.

Belegleser
System, das auf optischem oder magnetischem Weg Daten von Belegen übernimmt und einem Rechner zur Weiterverarbeitung zur Verfügung stellt. Beispiele sind z. B. → Strichcodeleser zum Auswerten von Warenbezeichnungen im Handel oder → Magnetschriftleser zur Übernahme von Scheckdaten im Bankwesen.

Benchmark-Programm
→ Bewertungsprogramm

Bereitschaftssystem
aus Sicherheitsgründen vorhandenes zweites System, das bei Ausfall des ersten Systems dessen Funktionen übernimmt.

berührungsempfindlicher Bildschirm
Bildschirm, bei dem man durch Berühren einer Stelle die dort angezeigte Funktion aktivieren kann. Es gibt verschiedene Techniken, um berührungsempfindliche Bildschirme zu realisieren. Eine davon arbeitet z. B. mit einer Matrix von Fotodioden.

Betriebsart
Im wesentlichen unterscheidet man die folgenden Betriebsarten, in denen Rechner arbeiten können: → Ein-/Mehrbenut-

zerbetrieb, → Ein-/Mehrprogrammbetrieb, → Stapelbetrieb, → Dialogbetrieb, → Echtzeitbetrieb.

Betriebssystem

Summe von Programmen, die das sinnvolle Zusammenwirken aller Teile eines Rechnersystems (Rechner, Peripheriegeräte) organisieren und den Anwender bei der Arbeit unterstützen. Das Betriebssystem (BS) kann fest im → Arbeitsspeicher vorhanden sein (kleines BS) oder beim Einschalten von einer → Diskette in den Arbeitsspeicher geladen werden (großer BS). Im letzten Fall wird das durch ein fest gespeichertes Hilfsprogramm (→ Urlader) veranlaßt. Das Betriebssystem wird oft vom Hardware-Hersteller mitgeliefert. Es gibt aber auch Betriebssysteme von eigenständigen Softwarehäusern. Beispiele dafür sind die weitverbreiteten → CP/M für 8-Bit-Rechner oder → MS-DOS für 16-Bit-Rechner. Ein Betriebssystem vereinigt i. a. → Organisationsprogramme, → Übersetzungsprogramme und → Dienstprogramme. Die richtige Auswahl des Betriebssystems ist sehr wichtig. Je weiter nämlich ein Betriebssystem verbreitet ist, desto mehr Anwenderprogramme stehen zur Verfügung und um so leichter läßt sich die passende Software finden.

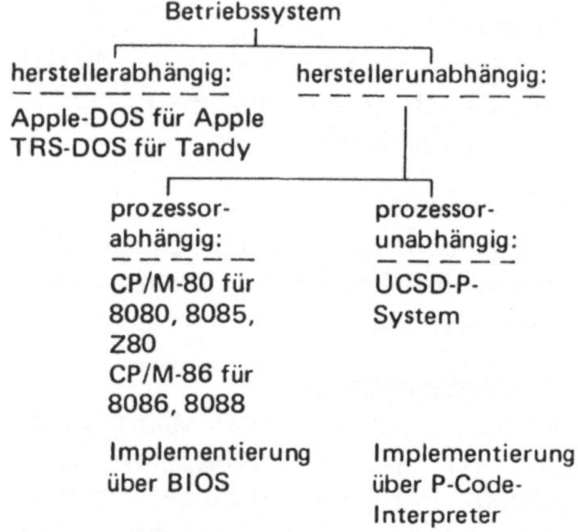

Hardwareherstellerabhängige und -unabhängige Betriebssysteme

System	Hersteller	Unterstützte Prozessoren	Anzahl Benutzer	Anzahl Programme (tasks)
CP/M	Digital Research	Z80/8080/8085	1	1
CP/M-86	Digital Research	8086/8088	1	1
CP/M-68K	Digital Research	68000	1	1
CCP/M	Digital Research	8086/8088	1	4
MP/M-86	Digital Research	8086/8088	16	255
MS-DOS 2.0	Microsoft	8086/8088	1	2
MTOS	Industrial Programming	8086/8088	255	4096
Multi/OS	Infosoft	68000/8086/8088	16	1
OASIS-16	Phase One	16000/68000/8086/8088	32	32
Pick	Pick Systems	68000/8088 Z8000	hardware-abhängig	
p-System	Softech	68000/8086	1	1
Smalltalk	Xerox	16032		
UNIX	Bell/AT&T	16032/68000	hardware-abhängig	
UNOS	Charles River	68000	64	256
Xenix 3.0	Microsoft	68000/8086/Z8000	hardware-abhängig	

Personal Computer-Betriebssysteme

Bewegungsdaten
Daten, die häufigen Änderungen bzw. Aktualisierungen unterworfen sind (z. B. Daten einer Lagerverwaltung).

Bewertungsprogramm
Programm zum Vergleichen der Arbeitsgeschwindigkeiten verschiedener Rechner. Es handelt sich um einen individuellen Test. Der Anwender sucht den Rechner, der sein Programm am schnellsten ausführt.

Bibliothek
→ Programmbibliothek

bidirektional
Dieser Begriff bedeutet, daß bei einer Datenübertragung Signale in beiden Richtungen fließen können. Ein Teilnehmer ist also sowohl Sender als auch Empfänger.

bidirektionaler Bus
→ Bus, bei dem Informationen in beiden Richtungen ausgetauscht werden. Der → Datenbus eines Mikrocomputerssystems arbeitet z. B. bidirektional, da der Mikroprozessor sowohl Daten an einen Speicher senden als auch Daten von einem Speicher empfangen kann.

bidirektionales Drucken
Bei dieser Art des Druckens folgt einer von links nach rechts gedruckten Zeile eine Zeile in umgekehrter Richtung. Die unproduktive Zeit des Wagenrücklaufs entfällt damit.

BIGFON
steht für „breitbandiges integriertes Glasfaser-Fernmelde-Ortsnetz". Sieben solcher Netze in Hamburg, Berlin, Hannover, Düsseldorf, Stuttgart, Nürnberg und München werden ab Anfang 1984 von der Deutschen Bundespost als Versuchsprojekte betrieben. Die Bereitstellung von Diensten wie Fernsprechen, Datenkommunikation, Bildfernsprechen, Fernsehen und Rundfunk über ein Glasfaserkabel ist Zweck dieses Versuchs.

Bildpunkt
Texte oder Grafiken, die auf dem → Bildschirm eines → Fernsehempfängers oder → Monitors dargestellt werden, sind aus einzelnen Bildpunkten (auch Pixels genannt) zusammengesetzt. Ein Bildpunkt ist also die kleinste ansteuerbare Darstellungseinheit eines Bildschirms. Je höher die Anzahl der Bildpunkte auf einem Bildschirm ist, desto klarer ist die Darstellung bzw. desto höher ist die Auflösung.

Bildschirm
Oberfläche der Bildröhre eines → Fernsehempfängers oder → Monitors, auf der die darzustellenden Texte oder Grafiken erscheinen.

Bildschirmeditor
Hilfsprogramm zum Eingeben von Programmen in den Rechner und zu deren Darstellung und Korrektur auf dem Bildschirm.

Bildschirmgerät
→ Datensichtgerät

Bildschirmgröße
Die Länge der Diagonalen eines Bildschirms in Zoll bzw. Zentimeter dient als Maß für die Bildschirmgröße. Üblich sind 9"-Bildschirme in tragbaren Geräten und 12"-Bildschirme bei Arbeitsplatzcomputern. Für die Praxis ist es jedoch wichtiger, die Anzahl der darstellbaren Zeilen pro Bild und der Zeichen pro Zeile zu wissen. Übliche Monitore haben 24 bzw. 25 Zeilen à 80 Zeichen.

Bildschirmmaske
Formular- bzw. vordruckähnliches Bild auf dem Bildschirm eines → Datensichtgerätes, das die Dateneingabe bzw. -ausgabe für den Bediener erleichtert. Die einzelnen Felder der Maske werden über den → Cursor angesteuert, anschließend werden die Daten über die Tastatur eingegeben.

Bildschirmspeicher

Teil des → Arbeitsspeichers, in dem die Daten gespeichert sind, die gerade auf dem Bildschirm dargestellt werden.

Bildschirmterminal

→ Datensichtgerät

Bildschirmtext (Btx)

Fernmeldedienst der Deutschen Bundespost, bei dem der Teilnehmer Texte oder Grafiken aus einem in der → Bildschirmtext-Zentrale befindlichen Rechner der Bundespost abrufen kann, die von den Anbietern dort gespeichert werden. Der Teilnehmer kann auch einen Dialog mit dem Rechner führen und so Bestellungen abwickeln oder Bankgeschäfte tätigen. Dazu benötigt er einen Fernsehempfänger mit → Bildschirmtext-Decoder und Fernbedienung bzw. Tastatur zur Darstellung und Auswahl der Informationen sowie ein Telefon samt → Modem zum Herstellen der Verbindung zwischen Fernsehempfänger und → Bildschirmtext-Zentrale über das Öffentliche Fernsprechnetz.

Bildschirmtext-Decoder

Baugruppe, die normalerweise in einem für Bildschirmtext bestimmten Fernsehgerät fest eingebaut ist und die Aufgabe hat, aus den ankommenden Signalen ein Bild zu erzeugen und die Datenübertragung zwischen den einzelnen Bildschirmtext-Komponenten zu steuern.

Bildschirmtext-Zentrale

Zentrum des Bildschirmtext-Systems, in dem ein Großrechner die Informationsvermittlung steuert und die angebotenen Datenmengen speichert.

binär

Binär oder zweiwertig bedeutet, daß ein System genau einen von zwei definierten Zuständen annehmen kann. In den elektronischen Schaltkreisen eines Rechners ist zu einem bestimmten Zeitpunkt entweder ein definierter Spannungspegel vorhanden oder nicht, bzw. es fließt Strom oder kein Strom.

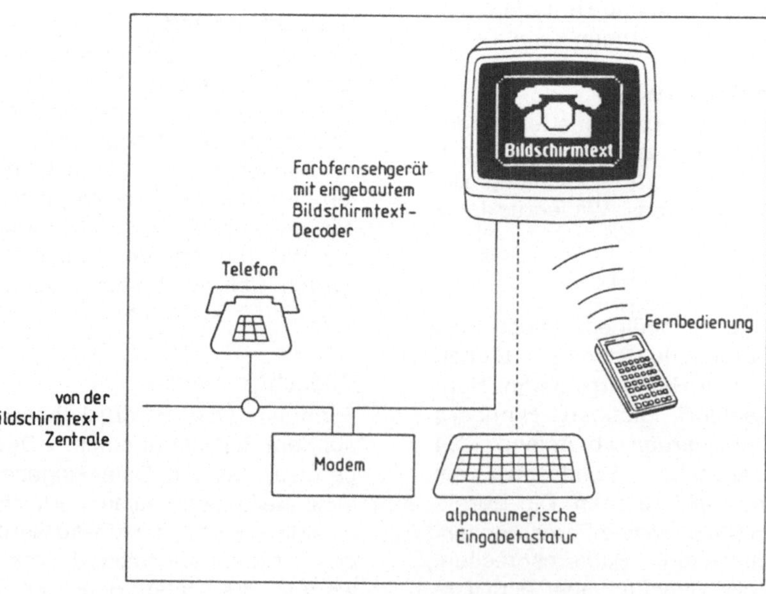

Schematischer Aufbau eines Bildschirmtext-Anschlusses

Binärcode

Ein Binärcode verwendet zur Darstellung der zu codierenden Daten nur zwei verschiedene Zeichen (z. B. 0 und 1) und deren Kombinationen. Viel verwendete Binärcodes sind der → Dualcode, der → BCD-Code für die Zahlendarstellung und der → ASCII-Code für die Darstellung alphanumerischer Zeichen.

Binärcode für Dezimalziffern

→ BCD-Code

Binärsystem

Alle Zahlensysteme, die nur zwei Ziffern (z. B. 0 und 1) zur Zahlendarstellung verwenden. Das bekannteste Binärsystem ist das → Dualsystem.

Binder

→ Systemprogramm, das aus mehreren, voneinander unabhängigen Programmteilen, die auch in verschiedenen Programmiersprachen abgefaßt sein können, ein ablauffähiges Programm erzeugt.

BIOS

Bestandteil des → CP/M-Betriebssystems.

BISYNC-Protokoll

BISYNC steht für „**bi**nary **sy**nchronous **c**ontrol". Es handelt sich um ein → Protokoll zur → synchronen → Halbduplex-Datenübertragung.

Bit

Bit ist die Abkürzung für „**b**inary d**i**gi**t**" (Binärziffer). Ein Bit ist die kleinste Informationseinheit in → Binärsystemen und kann die Werte 0 oder 1 annehmen.

Bit mit dem höchsten Stellenwert

das in einer Binärzahl am weitesten links stehende Bit.

Bit mit dem niedrigsten Stellenwert

das in einer Binärzahl am weitesten rechts stehende Bit.

bitparallel

Die Bits eines Zeichens werden gleichzeitig (parallel) über verschiedene Leitungen übertragen.

bitseriell

Die Bits eines Zeichens werden nacheinander (seriell) über eine Leitung übertragen.

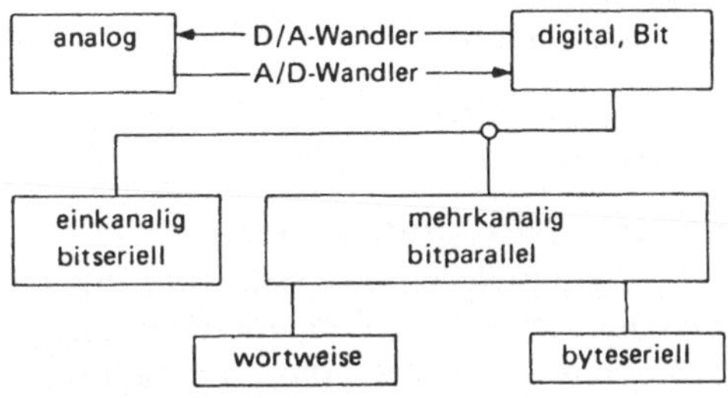

Digitale Datenübertragung erfolgt bitseriell oder bitparallel

blank

engl. für → Leerzeichen

Blasenspeicher

→ Magnetblasenspeicher

Block

Datenmenge, die bei der Ein- oder Ausgabe vom System als geschlossene Einheit behandelt wird. Ein Block kann einen oder mehrere → Sätze enthalten und ist keine logische, sondern eine physikalische Einheit. Die → Blocklänge wird von der optimalen Ausnutzung der → Datenträger bestimmt.

Blocklänge

Anzahl der Zeichen in einem → Block. Blöcke können feste oder variable Längen haben.

Blockprüfung

Verfahren zur Fehlerüberwachung bei der Datenübertragung durch Anfügen eines → Blockprüfzeichens an den Datenblock (→ zyklische Blockprüfung).

Blockprüfzeichen

Zum Erkennen von Übertragungsfehlern wird dem Datenblock ein Blockprüfzeichen hinzugefügt, das eine → Paritätsprüfung ermöglicht.

Blocksatz

Die Schriftzeichen werden auf gleiche Satzbreite angeordnet, so daß sie links wie rechts an einer (gedachten) senkrechten Linie beginnen bzw. enden.

Boolesche Algebra

→ Schaltalgebra

Bootstrap-Lader

→ Urlader

Bottom-up-Programmierung

Programmierverfahren, bei dem man von der untersten Problemebene ausgeht. Zunächst werden einzelne Teilprobleme isoliert behandelt und programmiert. Danach werden die einzelnen Programmteile zu einem lauffähigen Programm zusammengefaßt. Dieses Verfahren wird angewendet, wenn man bereits eine Anzahl von → Unterprogrammen zur Verfügung hat.

bpi

steht für „bits per inch" und gibt die Anzahl der Bits an, die je Inch Spurlänge gespeichert werden können.

bps

steht für „bits per second" und gibt die Anzahl der Bits an, die je Sekunde über eine Leitung übertragen werden.

branch

→ Verzweigung

Branchen-Software

Programme bzw. Programmpakete, die genau auf die Bedürfnisse einer Branche zugeschnitten sind. Ein Beispiel sind z. B. Hausverwaltungs-Programme für Immobilienmakler.

BS

steht für → Betriebssystem

Btx

steht für → Bildschirmtext

bug

heißt engl. „Wanze" und bezeichnet einen Fehler im Programm.

Bus

Mehrfachleitung zur bitparallelen Datenübertragung zwischen den Baugruppen eines Mikrocomputersystems. Man unterscheidet drei Busse: Den → Datenbus, den → Adreßbus und den → Steuerbus.

bus controller

Schaltung zum Steuern und Überwachen des Informationsaustausches über einen → Bus.

Bus-Netzwerk

Bei diesem → Computernetzwerk sind alle Rechner gleichberechtigt über → Schnittstellen an einen Bus angeschlossen. Der Ausfall eines oder mehrerer Rechner stört also die Funktionsfähigkeit des Netzes nicht.

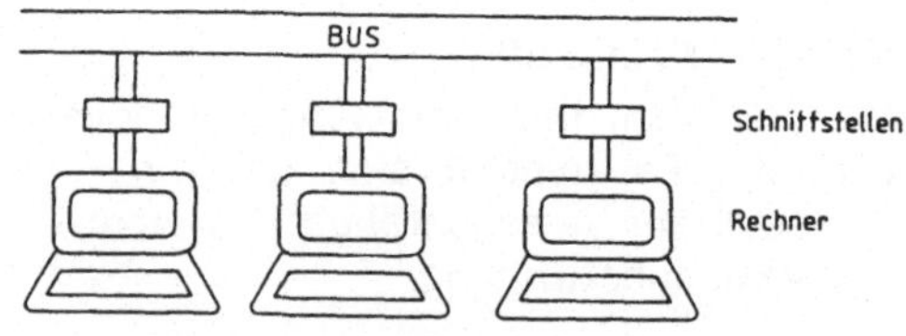

Aufbau eines Bus-Netzwerks

Byte

Folge von 8 Bit, die vom Rechner als (kleinste) Einheit betrachtet wird und z. B. im → ASCII-Code ein Zeichen darstellt.

C

C
1. Ziffer des → Hexadezimalsystems
2. Universell einsetzbare → höhere Programmiersprache, die 1973/74 von B. W. Kernighan und D. M. Ritchie entwickelt wurde. → UNIX ist zu etwa 90% in C geschrieben. C kann aber auch unter anderen Betriebssystemen arbeiten und ist hardwareunabhängig. Es handelt sich um eine blockstrukturierte, relativ schnelle Sprache mit Assembler-Eigenschaften. Sie umfaßt Elemente zur Behandlung von Zahlen, Zeichen, Adressen und logischen Strukturen.

Cache-Speicher

Bei einem Cache-Speicher handelt es sich um einen schnellen Zwischenspeicher kleiner Kapazität. Sein Zweck ist es, die Zugriffszeit eines schnellen Speichers auf einen langsameren dadurch zu verkürzen, daß der schnelle Speicher auf den Cache – und nicht auf den langsameren Speicher zugreift. Hintergrund dieses Prinzips ist, daß man in der Mehrzahl der Fälle weiß, welche Daten als nächste benötigt werden und diese so im Cache-Speicher bereitstellen kann. Auf diese Weise gelangen Daten z. B. schneller vom → Arbeitsspeicher in die → CPU oder vom → Massenspeicher in den Arbeitsspeicher.

CAD
steht für „computer aided design", d. h. Entwerfen und Konstruieren mit Unterstützung durch einen Computer, der die grafische Darstellung übernimmt. Gezeichnet wird mit Hilfe eines → Lichtstiftes und eines → Grafiktabletts, das der Fläche des Bildschirms entspricht. Das Ergebnis kann über einen → Plotter ausgegeben werden. Eingesetzt wird CAD z. B. im Maschinenbau, im Bauwesen aber auch beim Entwurf komplexer integrierter Schaltungen.

CALCSTAR
→ Kalkulationsprogramm der Firma Micropro

call
→ Aufruf

CAM
1. steht für „computer aided manufacturing", d. h. computerunterstützte Fertigung. Fertigungsprozesse werden dabei mit Hilfe eines Rechners gesteuert und geregelt.
2. steht für „content addressable memory", d. h. aufgrund des Inhalts zu adressierender Speicher (→ Assoziativspeicher).

CAN

steht für „**can**cel" (löschen). Steuerzeichen des → ASCII-Codes, das die vorangegebenen Zeichen für ungültig erklärt.

caps

steht oft für „**cap**ital letters" (Großbuchstaben).

cartridge

engl. für → Magnetbandkassette

CCITT

steht für „**c**omité **c**onsultatif **i**nternational **t**élégraphique et **t**éléphonique". Es handelt sich um ein internationales Gremium mit Sitz in Genf zum Erarbeiten von Normierungsvorschlägen in den Bereichen Telegrafie, Telefonie und Datenübertragung.

CCP

Bestandteil des → CP/M-Betriebssystems

CDOS

steht für „**C**romemco **d**isk **o**perating **s**ystem". Es handelt sich dabei um ein → CP/M-ähnliches → Betriebssystem der Firma Cromemco.

Centronics-Schnittstelle

Von der Firma Centronics eingeführte Parallel-Schnittstelle zum Anschluß von Druckern. Diese → Schnittstelle wurde inzwischen zu einer Quasi-Norm für die bitparallele Datenübertragung.

CEPT-Standard

Internationaler europäischer Standard für → Bildschirmtext, auf den sich die Post- und Fernmeldeverwaltungen geeinigt haben. Dieser Standard ist notwendig, um die Kommunikation zwischen den verschiedenen europäischen Bildschirmtext-Systemen zu ermöglichen. CEPT steht für „**C**onférence **E**uropéene des **A**dministrations des **P**ostes et des **T**élécommunications".

Chip

Siliziumplättchen, das Träger einer → integrierten Schaltung, z. B. eines Mikro-prozessors, ist. Im Sprachgebrauch wird allerdings oft die gesamte integrierte Schaltung incl. Gehäuse und Anschlußstiften als „Chip" bezeichnet.

Chipauswahl-Signal

Signal, das einen von mehreren mit dem → Adreßbus verbundenen Speicherbausteinen auswählt, um das Lesen oder Schreiben von Daten vorzubereiten.

Chipfreigabe-Signal

siehe → Chipauswahl-Signal

clock

engl. für → Takt, Taktgeber

CMOS

steht für „**c**omplementary **m**etal **o**xide **s**emiconductor". Integrierte Schaltungen in CMOS-Technik zeichnen sich durch sehr geringe Leistungsaufnahme und hohe Sicherheit gegen Störungen aus. Sie sind also ideal für den Einsatz in batteriebetriebenen Geräten geeignet.

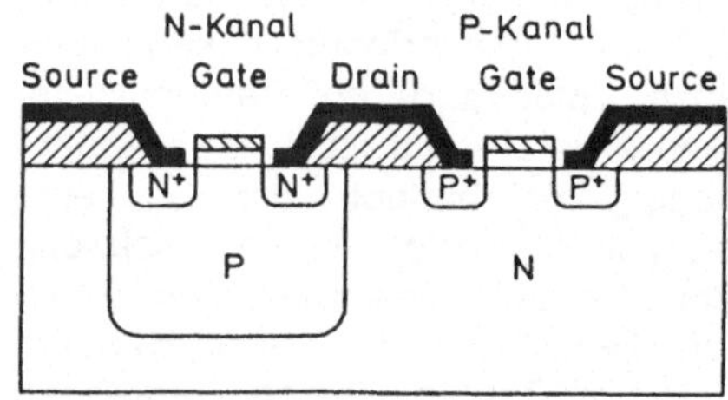

Prinzipieller Aufbau von integrierten CMOS-Schaltungen

CNC

steht für „**c**omputerized **n**umerical **c**ontrol", d. h. numerische Steuerung mit Hilfe eines (Mikro-)Computers.

COBOL

steht für „**c**ommon **b**usiness **o**riented **l**anguage", eine 1959 eingeführte → höhere Programmiersprache für kaufmännische Anwendungen. COBOL eignet sich für wenig rechenintensive, dafür aber ein-/ausgabeintensive Probleme, bei denen große Datenmengen und Dateien verarbeitet werden müssen. Mit dem Aufkommen preiswerter Massenspeicher dringt COBOL – forciert durch die große Menge existierender Software – auch in den Personal Computer-Bereich vor.

Code
Ein Code ist eine Vorschrift zur eindeutigen Umwandlung der Daten von einer Darstellungsart in eine andere. Der → BCD-Code wandelt z. B. Dezimalzahlen in Binärzahlen um (und umgekehrt). Der → ASCII-Code codiert alphanumerische Zeichen und ermöglicht so eine Übertragung beliebiger Informationen.

CODEC
Kunstwort aus **Co**dierer/**Dec**odierer. Dieser Baustein ist in der Fernmeldetechnik die Schnittstelle zwischen analoger und digitaler Übertragung.

codieren
1. Das Überführen von Daten von einer Darstellungsart in eine andere nach einer bestimmten Vorschrift, dem → Code.
2. Das Niederschreiben eines Programms anhand des → Programmablaufplans.

COM
steht für „**c**omputer **o**utput to **m**icrofilm", d. h. → Computerausgabe auf Mikrofilm.

COMAL
steht für „**com**mon **a**lgorithmic **l**anguage", eine 1980 entwickelte → höhere Programmiersprache, die → BASIC sehr ähnlich ist aber auch einige → PASCAL-Elemente verwendet. COMAL läßt → strukturierte Programmierung zu.

Compiler
→ Kompilierer

Computer
engl. für Rechner. Ein Digitalrechner nimmt über → Eingabeeinheiten Daten auf, verarbeitet sie in der → Zentraleinheit nach einem vorgegebenen → Programm und gibt sie über → Ausgabegeräte wieder aus oder speichert sie in →

Massenspeichern. In diesem Lexikon werden speziell → Mikrocomputer behandelt, d. h. Rechner, deren Funktion auf einem → Mikroprozessor als Zentraleinheit basiert.

Computerausgabe auf Mikrofilm
Verfahren, um Daten vom Computer direkt auf Mikrofilm auszugeben. Eine Möglichkeit ist z. B. die Übernahme der Daten vom Bildschirm auf fotografischem Weg. Vorteile der Mikrofilmausgabe sind die hohe Ausgabegeschwindigkeit und die gute Archivierbarkeit.

Computernetz(werk)
Verbindet man mehrere Computer nach einem bestimmten Schema miteinander, so spricht man von Computernetz(werk). Dabei unterscheidet man Netze aus räumlich weitgetrennten Computersystemen, die über öffentliche → Datenübertragungseinrichtungen miteinander kommunizieren und → lokale Netze, die z. B. ein bestimmtes Gebäude versorgen. Netze können unterschiedlich aufgebaut sein, z. B. als → Bus-, → Stern- oder → Ring-Netz. Vorteile von Netzen sind u. a. flexibler Austausch von Daten und Programmen, schneller Zugriff auf bestimmte (Spezial-)Rechner, wirtschaftlichere Ausnutzung teurer Peripheriegeräte, effektive Informations-Beschaffung und -Verteilung.

Computerspiel
Spiel zur Unterhaltung oder zum Lernen, bei dem in irgendeiner Form der Computer als Spielpartner auftritt. Beispiele sind u. a. Automatenspiele, Videospiele, Schachcomputer, Simulationsspiele. Spiele können auf Kassette oder Diskette bzw. als Modul käuflich erworben, aus einschlägigen Zeitschriften abgetippt oder selbst programmiert werden.

Concurrent CP/M
Variante des → CP/M-86-Betriebssystems, die es einem Benutzer ermöglicht, mehrere Programme gleichzeitig zu bearbeiten.

CP/M

steht für „control program microcomputers". Dieses → Betriebssystem der Firma Digital Research kam 1974 auf den Markt und wurde seitdem ständig weiterentwickelt und verbessert. CP/M steht in verschiedenen Ausführungen zur Verfügung, u. a. als 8-Bit-System CP/M-80, als 16-Bit-System CP/M-86 und als Mehrbenutzer-System MP/M. Es ist das weitestverbreitete Betriebssystem für Mikrocomputer. CP/M-80 läuft auf Rechnern mit 8080/8085- oder Z 80-CPU. Es unterstützt fast alle in diesem Bereich gängigen Programmiersprachen. Die z. Zt. aktuelle Version ist CP/M 2.2. CP/M besteht aus drei Teilen:

1. Der CCP-(console command processor)Modul steuert den Dialog zwischen Benutzer und Rechner, interpretiert die über die Tastatur eingegebenen Befehle und kontrolliert den Programmablauf.
2. Der BDOS-(basic disk operating system)Modul steuert die Datenübertragung von und zu den Disketten, organisiert die Dateien und überprüft die Daten auf Richtigkeit.
3. Der BIOS-(basic input/output system) Modul paßt CP/M an die verwendete Hardware an und kontrolliert die Ein-/Ausgabe der Daten an die Peripheriegeräte. Durch Modifizieren des BIOS-Moduls kann CP/M an jeden beliebigen Rechner angepaßt werden.

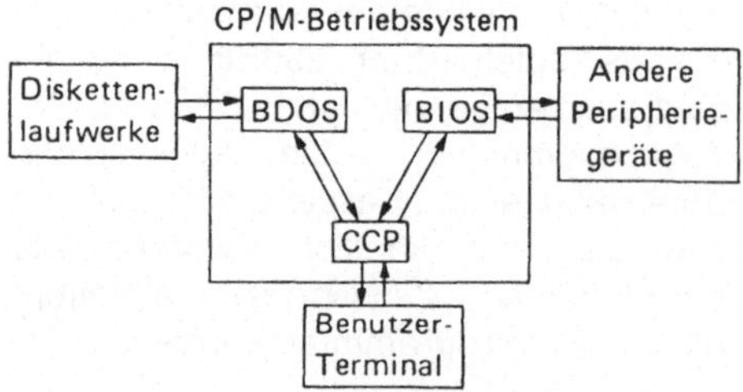

Elementare Bestandteile des CP/M-Betriebssystems

CP/M-68 K

Variante des → CP/M-86-Betriebssystems für den Mikroprozessor 68000.

CP/M-86

16-Bit-Betriebssystem der Firma Digital Research zur Unterstützung der Mikroprozessoren 8086/8088. CP/M-86 ähnelt sehr weitgehend dem 8-Bit-System → CP/M-80.

cps

steht für „characters per second", d. h. Zeichen pro Sekunde. Die Arbeitsgeschwindigkeit von → Druckern wird z. B. in dieser Einheit angegeben.

CPU

steht für „central processing unit", d. h. → Zentraleinheit.

CR

steht für „carriage return" (Wagenrücklauf) ein Zeichen des → ASCII-Codes. Nach Beendigung der Dateneingabe wird eine Zeile durch Drücken der CR-Taste abgeschlossen. Die bisher zwischengespeicherten Daten werden jetzt weiterverarbeitet.

Crossassembler

→ Assemblierer, der in der → Maschinensprache eines → Entwicklungssystems geschrieben ist, aber den Maschinencode eines anderen Mikroprozessors erzeugt. Ein Crossassembler ist dann erforderlich, wenn ein Entwicklungssystem einen anderen Prozessor hat als der Rechner, auf dem das Programm später laufen soll.

Crosscompiler

→ Kompilierer, der auf einem Rechner A läuft, aber den → Maschinencode eines anderen Rechners B erzeugt.

CRT

steht für „cathode ray tube" (→ Kathodenstrahlröhre).

Cursor

Recheckige Leuchtmarke auf dem Bildschirm eines Rechners, die dem Benutzer die aktuelle Schreibposition anzeigt. Über separate Tasten (rechts, links, oben, unten) kann der Cursor zum Schreiben oder Korrigieren an jede beliebige Stelle des Bildschirms bewegt werden.

D
Ziffer des → Hexadezimalsystems

Daisywheel-Drucker
→ Typenraddrucker

Datei
Menge von logisch zusammengehören-
den Daten, die auf einem Speichermedium abgespeichert sind und unter
einem Dateinamen angesprochen werden können. Dem Anwender erscheint
eine Datei als Einheit, auch wenn sie auf
dem Speichermedium an verschiedenen
Stellen verteilt ist. Dateien können auf
unterschiedliche Weise organisiert sein
und manipuliert werden.

Dateiverwaltung
Programme des → Betriebssystems, die
das Organisieren und Manipulieren von
→ Dateien unterstützen.

Dateiverzeichnis
Liste der auf einem Speichermedium
abgespeicherten → Dateien, die über
Bildschirm oder Drucker ausgegeben
werden kann.

Daten
Als Daten bezeichnet man Zahlen, Wör-
ter, Zeichen, Texte, Meßwerte, Strichco-
des etc., also alles, was einer Verarbeitung unterworfen werden oder als Ergebnis auftreten kann.

Datenbank
Sammlung von Daten, z. B. Artikeldaten,
Personaldaten, Bestelldaten, die so organisiert ist, daß die gewünschten Daten
leicht herausgefunden werden können.
Grundsätzlich unterscheidet man zwischen hierarchischen und relationalen
Datenbanken. Im Personal Computer-
Bereich haben vor allem relationale
Datenbanken weite Verbreitung gefun-
den. Relational bedeutet, daß die Daten
eines → Datensatzes in Beziehung zuein-
ander stehen. Ein vertrautes Beispiel für
eine relationale Datenbank ist das Telefonbuch, bei dem Name, Adresse und
Telefon-Nr. einer Person eine Relation
darstellen.

Datenbanksystem
Zusammenfassende Bezeichnung für →
Datenbank und → Datenbank-Verwal-
tungssystem.

Datenbank-Verwaltungssystem
Ein Datenbank-Verwaltungssystem ist
die Schnittstelle zwischen Benutzer und
→ Datenbank. Es organisiert das Speichern, Ändern, Sortieren, Heraussuchen
der gewünschten Daten und stellt dem
Benutzer dafür eine spezielle Abfrage-
sprache (Query-Language) zur Verfügung.

Datenblock

Daten werden zwischen den Einheiten eines Rechnersystems meist blockweise übertragen. Die Größe eines Datenblocks ergibt sich nicht aus logischen Gesichtspunkten, sondern unter dem Aspekt der möglichst rationellen Ausnutzung des Rechners und seiner Peripheriegeräte. Ein Datenblock enthält nicht nur die zu übertragenden Daten, sondern auch Daten zur Kennzeichnung von Blockanfang und -ende und zur → Fehlererkennung.

Datenbus

Mehrfachleitung zur bitparallelen bidirektionalen Datenübertragung zwischen den Baugruppen eines Mikrocomputersystems. Der Datenbus besteht bei einem 8-Bit-Rechner aus acht, bei einem 16-Bit-Rechner aus sechzehn Leitungen.

Dateneingabe

Die Eingabe von → Daten in den Rechner über eine → Eingabeeinheit.

Datenendeinrichtung (DEE)

Eine Datenstation besteht aus → Datenübertragungseinrichtung und Datenendeinrichtung, zu der die nicht direkt der Datenübertragung dienenden Geräte gezählt werden, also Rechner, Eingabegeräte (z. B. Tastatur), Ausgabegeräte (z. B. Drucker).

Datenerfassung

Umwandlung von Daten in eine Form, die vom Rechner verstanden wird. Bei Mikrocomputern erfolgt diese Umwandlung i. allg. über die → Tastatur.

Datenfernübertragung (DFÜ)

Die Übertragung von Daten zwischen Rechnersystemen bzw. Rechnern und Peripheriegeräten über größere Entfernungen nach bestimmten Regeln, sog. → Protokollen. Für die Datenübertragung außerhalb → lokaler Netze stellt die Post eine Reihe von Diensten zur Verfügung: → Fernsprechnetz, → Fernschreibnetz, → Datex-L-Netz, → Datex-P-Netz.

Datenfernverarbeitung

Kommunikation zwischen räumlich weit entfernten Computersystemen zum Zweck der Datenverarbeitung. Auf diese Weise kann z. B. die Leistung einer Groß-EDV-Anlage vielen Benutzern an verschiedenen Orten zur Verfügung gestellt werden. Die Übermittlung der Daten geschieht mittels → Datenfernübertragung.

Datenflußplan

Der Datenflußplan zeigt anhand genormter Symbole den Weg der Daten durch ein Rechnersystem.

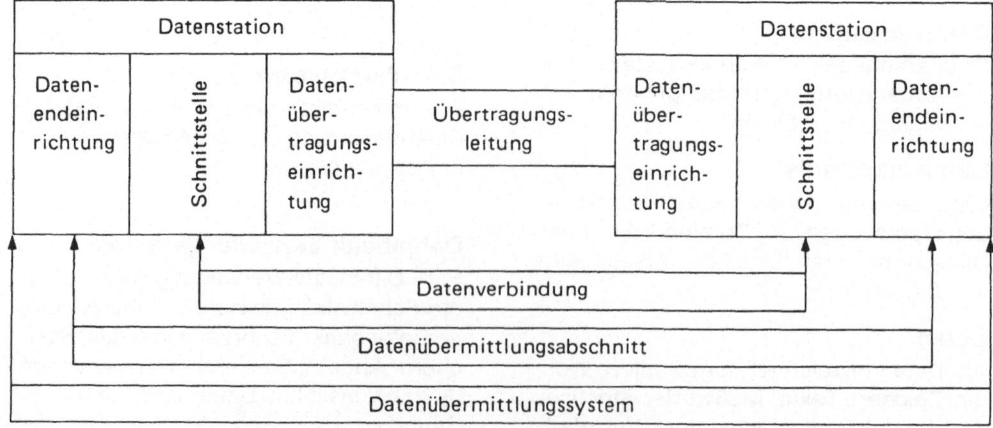

Prinzip eines Systems für Datenfernübertragung

Bearbeitung:

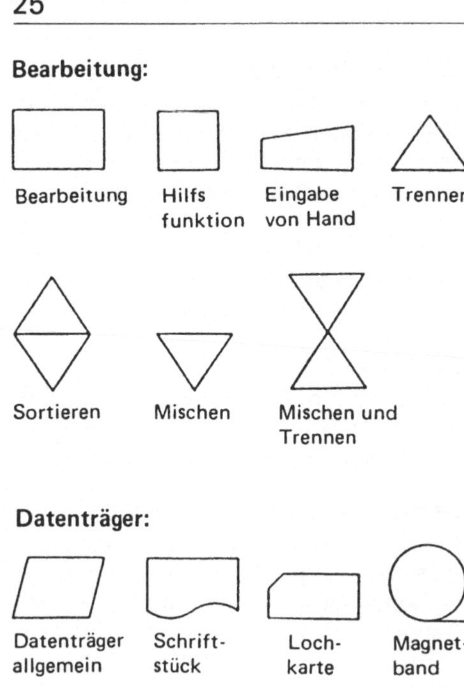

Datenträger:

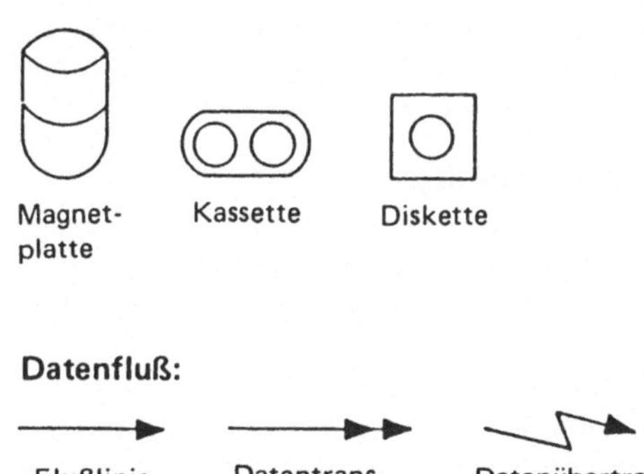

Datenfluß:

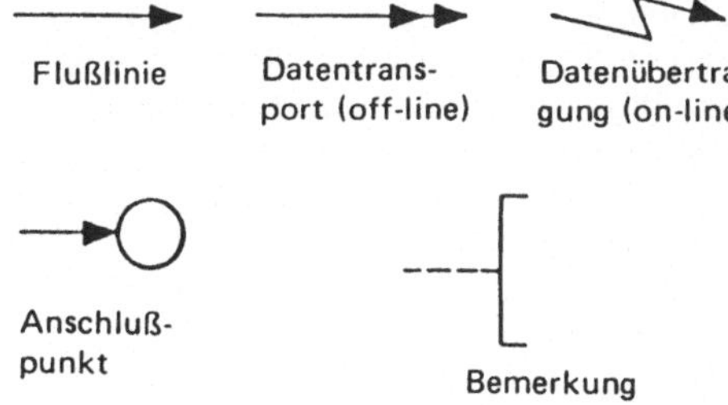

Sinnbilder für Datenflußpläne nach DIN 66001

Datenkommunikation
der Austausch von Daten zwischen Computersystemen im Nahbereich (→ lokales Netzwerk) oder über weite Entfernungen (→ Datenfernübertragung).

Datensatz
Eine → Datei baut sich aus einer Reihe von Datensätzen auf. Ein Datensatz ist die Zusammenfassung mehrerer logisch zusammengehörender Daten. Bei einer Adreßdatei besteht ein Datensatz z. B. aus Name, Vorname, Straße, Hausnummer, Postleitzahl, Stadt.

Datenschutz
Gesetzliche Maßnahmen, mit denen die unberechtigte Speicherung, Verarbeitung und Weitergabe schutzwürdiger Daten verhindert werden soll.

Datensicherung
Organisatorische und technische Maßnahmen gegen Beschädigung, Verfälschung, Verlust, Diebstahl von Daten bzw. Datenträgern. Eine selbstverständliche Maßnahme – auch privater Anwender – sollte das Sichern wichtiger Daten oder Programme durch eine Sicherungskopie sein.

Datensichtgerät
Gerät zur Kommunikation mit dem Rechner, das meist aus → Tastatur zur Eingabe von Daten und → Monitor zur visuellen Darstellung von Daten besteht.

Datenträger
Medium zur nichtflüchtigen Speicherung von Daten. Bei Home- und Personal Computern werden → Kassetten, → Disketten und → Magnetplatten als Datenträger eingesetzt.

Datenübertragungseinrichtung (DÜE)
Schnittstelle zwischen → Datenendeinrichtung und Übertragungsweg zur Umwandlung der Daten in eine für die Übertragung geeignete Form und umgekehrt. Ein Beispiel für Datenübertragungseinrichtungen sind → MODEMs.

Datenverarbeitung
Unter Datenverarbeitung sei hier die **elektronische Datenverarbeitung (EDV)** verstanden, also die Verarbeitung von Daten mit Hilfe von elektronischen Rech-

nern (Computer). Mit Computern kann man Daten erfassen, berechnen, sortieren, verknüpfen, speichern, ausgeben etc.

Datenwort

Zusammenfassung von binären Daten zu einer Einheit, die vom Rechner als Ganzes in einem Arbeitsgang verarbeitet wird.

Datex-L

Öffentliches Wählnetz der Deutschen Bundespost mit Durchschaltevermittlung für die Übertragung digitaler Daten. Die Übertragungsgeschwindigkeiten liegen zwischen 50 und 9600 Bit/s.

Datex-P

Öffentliches Wählnetz der Deutschen Bundespost mit → Paketvermittlung für die Übertragung digitaler Daten. Die Übertragungsgeschwindigkeiten liegen zwischen 300 und 48000 Bit/s.

D/A-Wandler

→ Digital-Analog-Wandler

dBase II, dBase III

Relationale → Datenbanksysteme der Firma Ashton-Tate.

debugging

ist vom engl. bug (Wanze) abgeleitet und bedeutet Fehlersuche bzw. Fehlerbeseitigung in einem Programm.

decodieren

Gegenteil des → Codierens, d. h. die Rückführung von Daten in die ursprüngliche Darstellungsart.

dediziertes System

Dediziert kommt vom engl. „dedicated" und bezeichnet ein auf eine bestimmte Aufgabe zugeschnittenes System mit einem festen Programm (z. B. Antiblokkiersystem im Kraftfahrzeug) im Gegensatz zu Rechnern für universelle Anwendungen.

DEE

→ Datenendeinrichtung

Dekrementierung

das Vermindern eines Register- oder Speicherplatz-Inhaltes um 1. Die Dekrementierung gehört zu den Operationen der → arithmetisch-logischen Einheit.

DEL

steht für „delete" (löschen). Steuerzeichen des → ASC II-Codes.

Deutsche Tastatur

→ Tastatur mit der Buchstabenanordnung Q W E R T Z in der obersten Buchstabenreihe und den Umlauten Ä, Ö, Ü.

dezentrale Datenverarbeitung

Durch die Verfügbarkeit preiswerter → Personal Computer und den Ausbau von → Computernetzwerken kann dem Anwender Rechnerleistung direkt am Arbeitsplatz (also dezentral) zur Vefügung gestellt werden. Der Benutzer hängt nun nicht mehr vom Großrechner im Rechenzentrum ab, kann dessen Leistungen bei Bedarf aber in Anspruch nehmen.

Dezimalpunkt

In der elektronischen Datenverarbeitung wird statt des üblichen Dezimalkommas ein Dezimalpunkt gesetzt (5.75 statt 5,75).

Dezimalsystem

Zahlensystem mit der → Basis 10, das zur Zahlendarstellung die Ziffern 0 bis 9 benötigt. Alle Zahlen werden als Summe der Vielfachen der Potenzen der Basis 10 dargestellt:
$595 = 5 \cdot 10^2 + 9 \cdot 10^1 + 6 \cdot 10^0$.

Dezimalzahl

Zahl des → Dezimalsystems

DFÜ

→ Datenfernübertragung

Diagnose-Programm

Beim → Kaltstart eines Rechners läuft häufig automatisch ein internes Diagnose-Programm ab. Es überprüft den Zustand der einzelnen Komponenten des Rechnersystems.

Dialekt

Die verschiedenen, meist herstellerbe-
zogenen Versionen einer Programmiersprache nennt man auch Dialekte. So
existieren z. B. viele verschiedene Dialekte von → BASIC, da fast jeder Hardware-Hersteller dem Grundbefehlssatz
neue Befehle hinzufügt, um besondere
Eigenschaften seines Rechners zu unterstützen.

Dialogbetrieb

eine der möglichen → Betriebsarten
eines Rechners, bei der im Rahmen
eines ablaufenden Programms Informationen zwischen Anwender und Rechner
ausgetauscht werden. Als Dialoggeräte
dienen → Tastatur und → Bildschirm. Das
Gegenteil von Dialogbetrieb ist → Stapelbetrieb.

Dienstprogramm

Hilfsprogramm, das den Anwender bei
immer wiederkehrenden Arbeiten mit
dem Rechner unterstützt, z. B. bei der
Ein-/Ausgabe oder Fehlersuche. Entweder ist das Dienstprogramm ein separa-
tes Programm oder es ist bereits Bestandteil des → Betriebssystems.

digital

Als Gegensatz zu ,,analog" wird ,,digi-
tal" am besten mit dem Begriff ,,schritt-
weise veränderlich" umschrieben. −
Bekanntes Beispiel: Meßgerät mit digitaler Anzeige über Ziffern bzw. analoger
Anzeige mit Zeiger über einer Skala.

Digital-Analog-Wandler (D/A-Wand-
ler)

Digital-Analog-Wandler haben die Aufgabe, digitale Daten (z. B. die Ergebnisse
einer Datenverarbeitung) in analoge
Daten (z. B. eine Steuerspannung) umzusetzen. D/A-Wandler werden als →
integrierte Schaltungen in vielfältiger
Auswahl angeboten, oft bereits für das
direkte Zusammenwirken mit Mikrocomputern konzipiert.

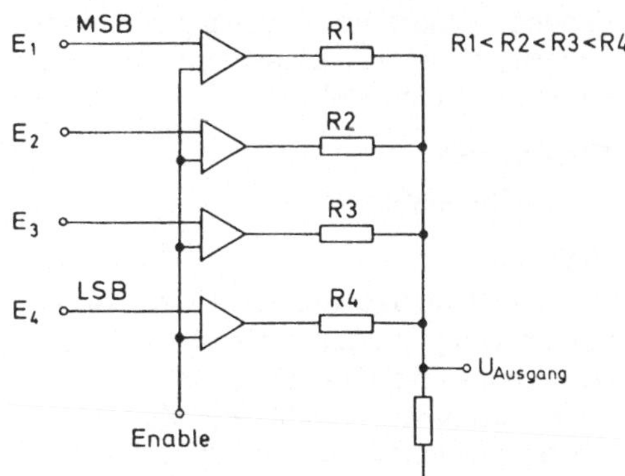

Prinzip eines Digital-Analog-Wandlers
(MSB = Bit mit dem höchsten Stellenwert
 LSB = Bit mit dem niedrigsten Stellenwert)

Digitalisiergerät
→ Grafiktablett

Digitizer
engl. für → Digitalisiergerät

directory

Verzeichnis der → Dateien, die sich auf
einer → Diskette befinden. Das Directory
verzeichnet u. a. Namen und Typ der
Dateien und gibt an, wo sie auf der Diskette abgelegt sind.

direkte Adressierung

Bei dieser Adressierungsart enthält der
→ Adreßteil eines Befehls direkt die →
Operandenadresse.

direkter Speicherzugriff (DMA)

der direkte Datenaustausch zwischen →
Peripheriegeräten und → Arbeitsspeicher unter Umgehung des Mikroprozessors. Die Steuerung übernimmt ein DMA-
Controller. Dieses Verfahren beschleu-
nigt den Datenaustausch und entlastet
den Mikroprozessor.

Disassemblierer

Programm, das ein von einem → Assemblierer in die → Maschinensprache
übersetztes Programm wieder in die →
mnemonische Schreibweise der Assemblersprache zurückverwandelt. Will man
z. B. ein nur in Maschinensprache vorlie-

gendes Programm analysieren oder ändern, so ist ein Disassemblierer ein elegantes Hilfsmittel.

Disjunktion

→ ODER-Funktion

Diskette

Disketten sind das wichtigste Medium zur Speicherung großer Datenmengen (→ Massenspeicher) für Personal Computer. Sie erlauben → wahlfreien Zugriff auf die gespeicherten Daten. Disketten bestehen aus einer dünnen flexiblen Kunststoffscheibe, die beidseitig magnetisch beschichtet ist. Diese Scheibe befindet sich in einer quadratischen Schutzhülle, die nur die für den Betrieb notwendigen Aussparungen enthält (Antriebsloch, Schlitz für den Schreib-/Lesekopf, → Indexloch, → Schreibschutz). Daten werden ein- oder zweiseitig mit einfacher oder doppelter Schreibdichte in konzentrischen Spuren aufgezeichnet, die softwaremäßig (→ Softsektorierung) oder hardwaremäßig (→ Hardsektorierung) in → Sektoren aufgeteilt werden. Disketten

sind mit Durchmessern von 3, 5$^{1}/_{4}$ und 8 Zoll erhältlich. Die Speicherkapazität liegt je nach Größe und Aufzeichnungsverfahren zwischen 0,2 und 2 MByte.

Zum Betrieb werden die Disketten in das → Diskettenlaufwerk eingeführt, das oft als Doppellaufwerk ausgeführt ist. Die Entwicklung zuverlässiger Diskettenspeicher hat den Siegeszug der Personal Computer erst möglich gemacht.

Diskettenbetriebssystem

Summe von Programmen, die die Funktionen eines → Diskettenspeichers steuern. Sie dienen vor allem zur Verwaltung des Speicherplatzes auf der Diskette.

Diskettenlaufwerk

elektromechanische Antriebseinheit für Disketten, oft auch als Doppellaufwerk ausgeführt. Sie umfaßt den Motor für den Antrieb der Diskette, den Schreib-/Lesekopf und den für seine Positionierung erforderlichen Schrittmotor sowie elektronische Steuer- und Auswerteschaltungen.

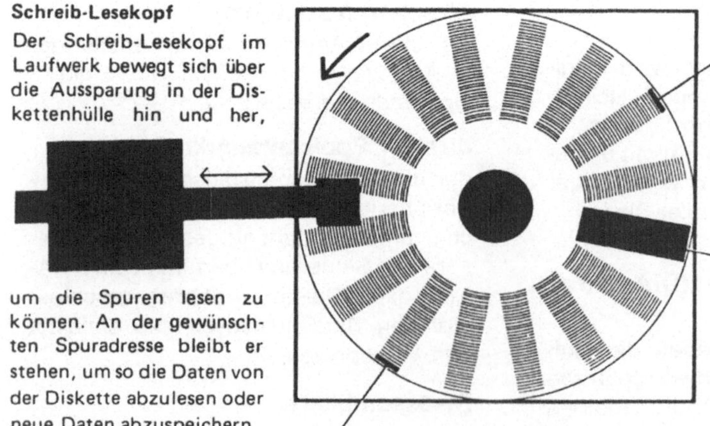

Prinzip der Datenspeicherung auf Disketten

360-KByte-Diskettenlaufwerk
Foto: Texas Instruments

Diskettenspeicher

Diskettenspeicher sind die wichtigsten →
Massenspeicher für Personal Computer.
Sie arbeiten mit → Disketten als Spei-
chermedium.

Diskettensteuerung

Einheit zur Steuerung eines oder mehrerer → Diskettenlaufwerke. Sie wandelt
die vom Rechner kommenden parallelen
in serielle Informationen um, sorgt für die

Diskettensteuerung
Foto: Texas Instruments

Formatierung der Daten, adressiert die
entsprechenden Sektoren auf der Diskette und übernimmt die Fehlerprüfung.
Für den Aufbau von Diskettensteuerun-
gen stehen → integrierte Schaltungen zur
Verfügung.

Display

engl. für → Anzeige(einheit)

Distanzadresse

Bei der → relativen Adressierung ist die
Distanzadresse ein Teil der Operandenadresse. Die endgültige Adresse erhält
man durch Addition der → Basisadresse
zur Distanzadresse.

DMA

steht für „direct memory acces", d. h. →
direkter Speicherzugriff

Dokumentation

Die Dokumentation ist ein wichtiger
Bestandteil jedes Software-Produktes.
Sie zeigt, wie ein Programm aufgebaut
ist, wie es arbeitet und was die einzelnen
Befehle bewirken. Man unterteilt die
Dokumentation oft in die Benutzerdoku-
mentation, die dem Anwender alle für
den Einsatz des Programms wichtigen
Informationen vermittelt, und in die
Produktdokumentation, die dem Pro-
grammierer die spätere Wartung und
evtl. Anpassung des Programms an neue
Kundenwünsche ermöglicht.

Doppeleuropakarte

→ Leiterplatte mit den genormten Abmessungen 233,35 mm × 160 mm.

doppelte Schreibdichte

Bei doppelter Schreibdichte können auf einer → Diskette zweimal soviel Bytes/ Sektor untergebracht werden als bei einfacher Schreibdichte. Allerdings wird die Ansteuerelektronik entsprechend aufwendiger.

DOS

steht für „**d**iskette **o**perating **s**ystem" (→ Diskettenbetriebssystem)

DRAM

steht für „**d**ynamic **r**andom **a**ccess memory" (→ dynamischer Schreib-/Lesespeicher)

Drive

engl. für → Laufwerk

Drucker

Als Geräte zur Ausgabe von Programmen, Ergebnissen, Texten oder Grafiken auf Papier sind Drucker mit die wichtigsten Peripherieeinheiten für Home- und Personal Computersysteme. Grundsätzlich unterscheidet man → Impact- und → Non-Impact-Drucker. Nach der Art der Zeichenerzeugung differenziert man wieder in → Typenrad- und → Matrixdrukker. Für den Anwender wichtige Unterscheidungsmerkmale sind auch die Art des Papiertransports (→ Traktor- oder → Friktionsführung) und die Art der Datenübertragung (→ parallele oder → serielle Schnittstelle).

Dualcode

Code, der die Zahlen genau dem → Dualsystem entsprechend darstellt.

Dualsystem

Zahlensystem mit der → Basis 2, das zur Zahlendarstellung nur die Ziffern 0 und 1 benötigt. Alle Zahlen werden als Summe der Potenzen der Basis 2 dargestellt:

$$596 = 1 \cdot 2^9 + 0 \cdot 2^8 + 0 \cdot 2^7 + 1 \cdot 2^6 + 0 \cdot 2^5$$
$$+ 1 \cdot 2^4 + 0 \cdot 2^3 + 1 \cdot 2^2 + 0 \cdot 2^1 + 0 \cdot 2^0$$
$$= 1001010100$$

Dualzahl

Zahl des → Dualsystems

DÜE

→ **D**aten**ü**bertragungs**e**inrichtung

Dump

Unter Dump versteht man den Ausdruck oder die Bildschirmdarstellung des Arbeitsspeicherinhalts (oder eines Teils davon) in → hexadezimaler Form.

duplex

bezeichnet ein Übertragungsverfahren, bei dem gleichzeitiger Datenaustausch in beiden Richtungen möglich ist. Fernsprechnetze arbeiten z. B. nach diesem Verfahren, das auch vollduplex genannt wird.

dynamischer Schreib-/Lesespeicher (DRAM)

→ Schreib-/Lesespeicher, die zum Speichern der Daten die Ladung der Gate-Kapazitäten von MOS-Transistoren be-

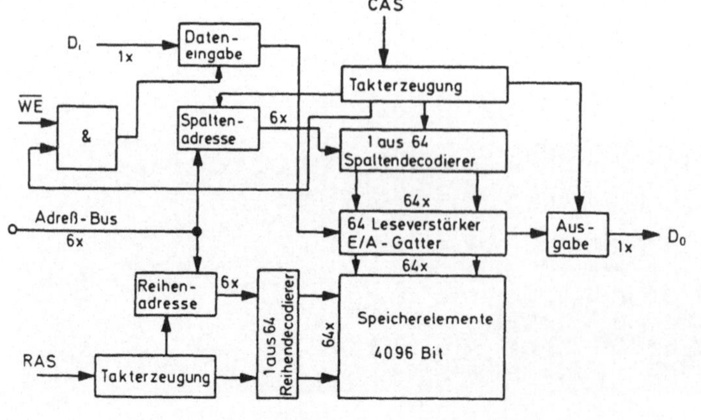

Blockschaltbild eines 4-KBit dynamischen Schreib-/Lesespeichers (RAS = Übernahmesignal für Reihenadresse, CAS = Übernahmesignal für Spaltenadresse, WE = Schreibsignal)

nutzen. Da die Ladungen aufgrund von Leckströmen in kurzer Zeit wieder verschwinden würden, müssen diese Speicher ihren Speicherinhalt in regelmäßigen Zeitabständen (ca. alle 2 ms) durch eine spezielle Auffrischschaltung regenerieren. 64-KBit-DRAMs sind Stand der Technik, 256-KBit-DRAMs stehen vor der Einführung.

dynamischer Speicher

Speicher, dessen Inhalt in regelmäßigen Zeitabständen (ca. alle 2 ms) durch eine spezielle Auffrischschaltung regeneriert werden muß. Nur so bleiben die Daten im Speicher erhalten. Die bekanntesten Vertreter dieser Speichergruppe sind die → dynamischen Schreib-/Lesespeicher (DRAM).

E

E
Ziffer des → Hexadezimalsystems

E/A
steht oft für „**E**ingabe/**A**usgabe"

EAN
steht für „europäische **A**rtikel**n**ummer",
für die es einen eigenen → Strichcode
gibt.

EAROM
steht für „**e**lectrically **a**lterable **ROM**".
Elektrisch änderbarer → Festwertspei-
cher, dessen Inhalt vom Anwender durch
einen Schreibimpuls umprogrammiert
werden kann, ohne daß das Bauelement
aus der Schaltung entfernt werden muß.

EBCDI-Code
steht für „**e**xtended **b**inary **c**oded **d**ecimal
interchange code". Von IBM vielverwen-
deter 8-Bit-Code zur Darstellung von
$2^8 = 256$ Zeichen.

Echo
Die Darstellung von Zeichen, die über die
Tastatur eingegeben wurden, auf dem
Bildschirm.

Echtzeitbetrieb
Eine der möglichen → Betriebsarten
eines Rechners, bei der die anfallenden
Daten innerhalb einer definierten kurzen
Zeispanne nach ihrer Entstehung verar-
beitet werden. Im technischen Bereich

arbeiten → Prozeßrechner, die schnell
auf eine sich ändernde Daten-Eingabe
reagieren müssen, nach diesem Verfahren. Kommerziell werden z. B. Platzbu-
chungssysteme, die immer den aktuellen
Bestand angeben müssen, auf diese
Weise betrieben.

ECMA
steht für „**e**uropean **c**omputer **m**anufac-
turer **a**ssociation". Diese Vereinigung
europäischer Computerhersteller hat
z. B. die ECMA 34-Kassette (entspricht in
ihren Abmessungen der üblichen Musikkassette) und die ECMA 46-Kassette
(„Cartridge") zur Aufnahme digitaler
Daten genormt.

Editor
Hilfsprogramm zum Erfassen und Manipulieren von Texten und → Quellpro-
grammen. Editoren sind entweder eigen-
ständige Programme (Bildschirmeditor,
der die Bearbeitung ganzer Bildschirm-
inhalte erlaubt) oder gehören zum →
Betriebssystem (zeilenorientierter Editor, der die Bearbeitung nur einer Zeile
erlaubt).

EDV
steht für „**e**lektronische **D**atenverarbei-
tung", d. h. die Verarbeitung von Daten
mit Hilfe von elektronischen Rechnern.
Daten kann man natürlich auch auf
andere Art verarbeiten, z. B. manuell mit
Papier und Bleistift.

Einadreß-Befehl

Befehl, dessen → Adreßteil nur eine → Adresse oder einen → Operanden aufnehmen kann. Bei Operationen mit zwei Operanden steht der zweite Operand im → Akkumulator. Einadreß-Befehle sind z. B. Ein/Ausgabebefehle.

Einadreß-Maschine

mit → Einadreß-Befehlen arbeitender Rechner.

Einbenutzerbetrieb

Rechner, mit dem zu einem bestimmten Zeitpunkt immer nur ein Benutzer arbeiten kann.

Einchip-Mikrocomputer

Einchip-Mikrocomputer sind → integrierte Schaltungen, die auf einem einzigen → Chip → Zentraleinheit, Datenspeicher (→ Schreib/Lesespeicher), Ein/Ausgabeeinheiten, Taktgeber etc. vereinen. Sie sind ohne weitere periphere Bauelemente funktionsfähig. Ihr Einsatzgebiet liegt dort, wo keine großen Speicherkapazitäten erforderlich sind, also z. B. in Schaltungen der Steuer- und Regeltechnik, KFZ-Elektronik und Haushaltstechnik.

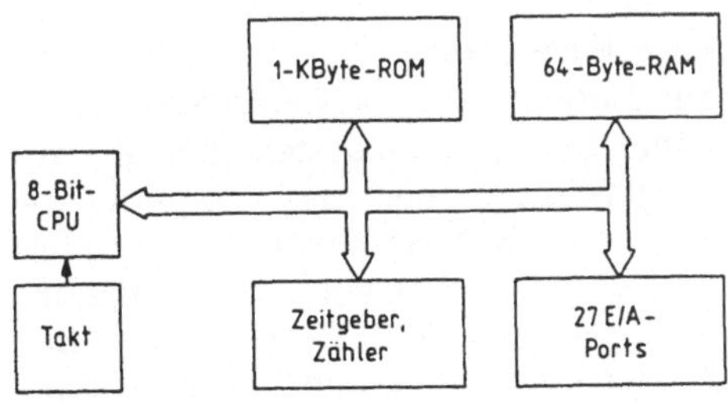

Blockschaltung des Einchip-Mikrocomputers 8048

Einerkomplement

→ Komplement

einfache Schreibdichte

Die Datenspeicherung auf → Disketten kann mit einfacher oder → doppelter Schreibdichte erfolgen.

Eingabeeinheit

Einheiten, die allein der Dateneingabe bei Home- und Personal Computern dienen, sind → Tastatur, → Maus, → Steuerknüppel, → Grafiktablett, → Lichtstift, → Steckmodul.

Einplatzsystem

→ Einbenutzerbetrieb

Einprogrammbetrieb

eine der möglichen → Betriebsarten eines Rechners, bei der jeweils nur ein Programm allein bearbeitet werden kann.

einseitig beschreibbare Diskette

Je nach Aufbau der → Diskette und des → Diskettenlaufwerks können Disketten einseitig oder doppelseitig beschrieben werden.

Emulation

Nachbildung der Funktionsweise eines Mikroprozessors mit Hilfe eines Emulators (→ In-Circuit-Emulator), um das Zusammenwirken von Hard- und Software bei einem Mikrocomputerprojekt zu testen.

Entwicklungssystem

Rechnersystem (Rechner, Monitor, Massenspeicher, Drucker) zum Entwickeln und Testen von Hard- und Software bei Mikrocomputerprojekten. Zum Entwicklungssystem gehören zahlreiche Software-Hilfsmittel wie Übersetzungs-, Editier-, Ablaufverfolgungs- und Fehlersuch-Programme. Ein Entwicklungssystem kann einen oder auch mehrere Mikroprozessoren unterstützen.

EOT

steht für „end of transmission". Steuerzeichen des → ASCII-Codes.

EPROM

steht für „erasable programmable ROM". Das sind → Festwertspeicher, deren Inhalt durch Bestrahlung mit UV-Licht gelöscht und in einem → EPROM-Programmiergerät neu programmiert werden können. Zum Löschen des Speicherinhalts haben EPROMs ein kleines Glasfenster, durch das der Chip der UV-Strahlung ausgesetzt wird. Mehrere Lösch/Programmierzyklen sind möglich. EPROMs sind daher ideale Bauelemente für die Entwicklungs- und Testphase von Mikrocomputern.

EPROM-Programmiergerät

Gerät zum Programmieren von → EPROMs mit Stromimpulsen definierter Dauer und Stärke. Dazu wird der Speicher in einen Stecksockel des Programmiergeräts eingesetzt. Anschließend wird das neue Programm über eine Hexadezimal-Tastatur eingetippt. Entsprechend den unterschiedlichen Speichertypen und Anforderungen der Benutzer, gibt es Programmiersysteme von unter 1000,— bis zu über 10000,— DM.

Ergonomie

Wissenschaft, die sich mit der Gestaltung von Arbeitsmitteln und Arbeitsplätzen beschäftigt, um diese optimal den menschlichen Bedürfnissen anzupassen.

Error

engl. für → Fehler (Softwarefehler)

ESC

steht für „**esc**ape". Steuerzeichen des → ASCII-Codes. Die ESCAPE-Taste beendet den Programmablauf vorzeitig.

ETB

steht für „**end of transmission block**". Steuerzeichen des → ASCII-Codes.

Ethernet

Herstellerunabhängiges → lokales Netzwerk zur Übertragung von Computerdaten, Ton- und Bildinformationen.

ETX

steht für „**end of text**". Steuerzeichen des → ASCII-Codes.

Europakarte

→ Leiterplatte mit den genormten Abmessungen 100 mm × 160 mm.

EVA-Prinzip

Grundprinzip der elektronischen Datenverarbeitung (EDV):
– **E**ingabe der zu verarbeitenden Daten,
– **V**erarbeitung nach einem vorgegebenen Programm,
– **A**usgabe der Ergebnisdaten.

Exklusiv-ODER-Funktion

logische Verknüpfung der Eingangsvariablen A, B zur Ausgangsvariablen C nach folgendem Schema:

A	B	C
0	0	0
0	1	1
1	0	1
1	1	0

(Sog. Wahrheitstafel)

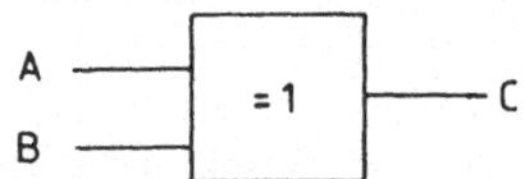

Schaltzeichen der Exklusiv-ODER-Funktion

Expertensystem

ein Bereich der → künstlichen Intelligenz. Ein Expertensystem besteht aus Programmen, die das komprimierte Wissen eines bestimmten Anwendungsbereichs zur Lösung von Problemen benutzen, z. B. zum Erstellen von Diagnosen oder zur Vermittlung von Wissen.

Externspeicher

peripherer – also nicht zur → Zentraleinheit gehörender – Massenspeicher, z. B. → Kassette, → Diskette, → Magnetplatte. Der → Arbeitsspeicher dagegen ist ein → Internspeicher.

F

Ziffer des → Hexadezimalsystems

Farbdarstellung

Viele Home- und Personal Computer verfügen über Befehle, mit denen der Anwender farbige Darstellungen auf dem Bildschirm eines Farbfernsehempfängers oder Farbmonitors erzeugen kann.

FBAS-Signal

das beim Farbfernsehempfänger zur Wiedergabe farbiger Bilder erforderliche Gesamtsignal. Dieses Signal wird dem Tuner des Empfängers über die Antennenbuchse zugeführt.

Fehler

Zustand in der Hard- oder Software eines Rechnersystems, der ein einwandfreies Arbeiten unmöglich macht. Bei Hardwarefehlern kann es sich um Defekte bei elektronischen oder mechanischen Bauelementen oder Systemen handeln. Softwarefehler sind sowohl Syntaxfehler (Verstoß gegen die Regeln der Programmiersprache) als auch logische Fehler (Fehler bei der Analyse und Beschreibung des Problems).

Fehlerbeseitigung

Maßnahmen und Verfahren zur Suche und Beseitigung von → Fehlern während der Entwicklung und des praktischen Einsatzes. Dem Entwickler bzw. Anwender stehen dafür Software-Hilfsmittel (z. B. Fehlersuchprogramme) und Hardware-Hilfsmittel (z. B. → Entwicklungssysteme, → Logikanalysatoren) zur Verfügung.

Fehlercode

Einige Rechner zeigen bei → Fehlern einen bestimmten Code an, der vom Anwender im Handbuch nachgeschlagen werden kann. Dort findet er dann Hinweise auf mögliche Fehlerursachen und deren Beseitigung.

Fehlererkennung

das Erkennen von Datenübertragungs-Fehlern (Verfälschung einzelner Bits) durch spezielle Verfahren, z. B. → Paritätsprüfung.

Fehlermeldung

das Anzeigen von Hard- oder Software-Fehlern durch den Rechner mittels eines → Fehlercodes oder bestimmter Hinweise (z. B. SYNTAX ERROR IN LINE . . .).

Feld

Zusammenfassung von Daten zu einer sinnvollen Einheit, die man nicht weiter unterteilt (z. B. Adreßfeld).

Fernschreiber

In den Anfangsjahren des Mikrocomputers wurden Fernschreiber häufig als kombinierte Ein/Ausgabeeinheiten verwendet, da sie Tastatur und Druckwerk in einem Gerät vereinigen.

Fernschreibnetz

weltweites Netz für den Fernschreibverkehr. Die Datenübertragung erfolgt → asynchron mit einer Geschwindigkeit von 50 Bit/s in einem 5-Bit-Code.

Fernsehempfänger

die bei Home-Computern übliche Anzeigeeinheit. Fernsehempfänger sind in fast jedem Haushalt vorhanden, erreichen aber längst nicht die Wiedergabequalität eines → Monitors.

Fernsprechnetz

weltweites Netz für den Fernsprechverkehr, das auch zur Datenübertragung genutzt werden kann. Die Übertragung erfolgt → synchron/asynchron mit Geschwindigkeiten von 200/1200/2400 Bit/s. Zwischen Datenendgerät und Fernsprechleitung muß ein → MODEM geschaltet werden, das die vom Endgerät kommenden Gleichstromsignale in Tonfrequenzsignale umsetzt (und umgekehrt).

Festkommadarstellung

die Darstellung einer Zahl durch eine einzige Folge von Ziffern (z. B. 352; 49, 13).

Festplatte

1. im Gegensatz zur flexiblen → Diskette eine starre → Magnetplatte.
2. Magnetplatte bzw. Magnetplattenstapel, der fest (nicht austauschbar) mit dem Laufwerk verbunden ist.

festverdrahtet

Eine bestimmte Funktion wird aufgrund einer Schaltungsanordnung (festverdrahtet) und nicht durch ein Programm (softwaremäßig) realisiert. Die Software-Lösung ist flexibler, da sie neuen Anforderungen leichter angepaßt werden kann (Umprogrammierung).

Festwertspeicher

Speicher, der nur zum Lesen von vorher einprogrammierten Daten dient. Die Daten können vom Hersteller (ROM) oder Anwender (→ PROM, → EPROM) des Speichers festgelegt werden. Festwertspeicher sind → nichtflüchtige Speicher. Sie enthalten z. B. Ablaufprogramme (bei → dedizierten Systemen) oder → Systemprogramme (bei Universalrechnern).

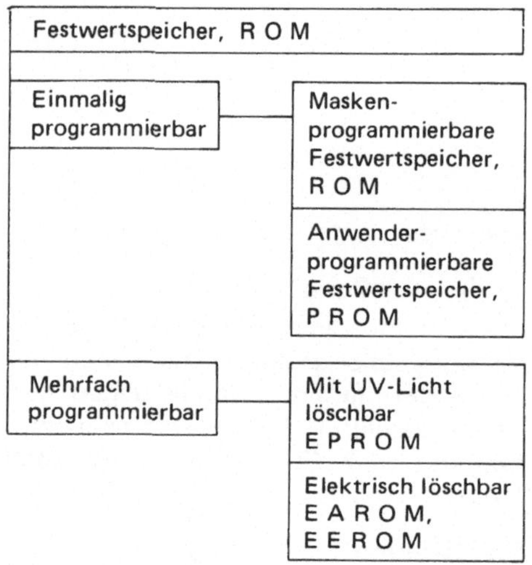

Arten von Festwertspeichern

Fibu

steht oft für **Finanzbuchhaltung**

FIFO

steht für „first in/first out" (→ Pufferspeicher)

file

engl. für → Datei

Firmware

Mit Firmware bezeichnet man vom Anwender nicht veränderbare → System- und → Mikroprogramme, die mit der Hardware eines Rechners mitgeliefert werden und sich meist in → Festwertspeichern befinden (firm = engl. fest).

flag

→ Zustandsbit

Floppy-Disk-(Laufwerk)
→ Diskette(nlaufwerk)

flüchtiger Speicher
Speicher, dessen Inhalt beim Abschalten der Versorgungsspannung verlorengeht (z. B. → Schreib-/Lese-Speicher, RAM).

Flüssigkristallanzeige
Ein- bzw. mehrzeilige Flüssigkristallanzeigen werden überwiegend in Uhren, → Taschenrechnern, → Taschencomputern und → Handheld-Computern eingesetzt; also überall dort, wo es auf geringen Stromverbrauch ankommt. Sie werden als → 7-Segment- oder → Punktmatrixanzeige ausgeführt und nutzen den Effekt aus, daß bestimmte organische Flüssigkeiten unter dem Einfluß einer angelegten Spannung ihr Reflexionsvermögen ändern.

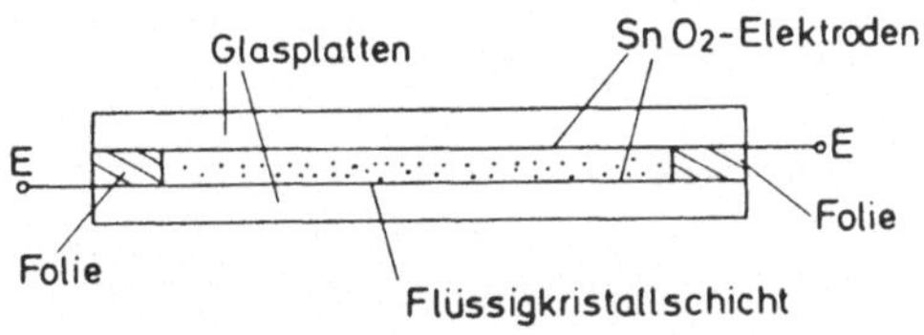

Querschnitt durch eine Flüssigkristallanzeige

Flußdiagramm
→ Programmablaufplan

Formatierung
Bevor auf einer → Diskette oder → Magnetplatte Daten gespeichert werden können, muß der Datenträger formatiert werden, d. h. es müssen die Spuren und Sektoren magnetisch festgelegt werden, so daß sie später identifizierbar sind. Entsprechende Formatierprogramme sind Bestandteil von → Betriebssystemen.

FORTH
Ende der 60er Jahre für Steuerungsaufgaben entwickelte → höhere Programmiersprache. FORTH ist eine maschinennahe, schnelle (ca. 10mal schneller als BASIC) interaktive Sprache, die es dem Anwender gestattet, auf der Grundlage vorhandener Befehle eigene Befehle zu kreieren und definieren. FORTH wird zunehmend auch für allgemeine Anwendungen, z. B. Textverarbeitung, eingesetzt.

FORTRAN
steht für „formula-translation". FORTRAN ist eine Ende der 50er Jahre entwickelte → höhere Programmiersprache für technisch-wissenschaftliche Anwendungen, die sich an die in diesem Bereich übliche Formelsprache anlehnt. FORTRAN wurde ständig weiterentwickelt. Die heute gebräuchlichste Version ist FORTRAN IV. Allerdings hat FORTRAN auf Mikrocomputern kaum Bedeutung.

Frequenzumtastung
ein zur Datenspeicherung auf Kassetten verwendetes Verfahren, bei dem der binären Null und der binären Eins jeweils eine bestimmte Frequenz zugeordnet wird.

Friday!
Softwarepaket für Datenbank-Anwendungen der Firma Ashton-Tate.

Friktionsführung
Art der Papierzuführung bei → Druckern, wobei das (ungelochte) Papier durch aufeinander drückende Walzen transportiert wird.

FSK
steht für „frequency shift keying" (→ Frequenzumtastung)

Füllzeichen
Zeichen ohne Bedeutung, das der Bildung von Zwischenräumen oder dem Auffüllen leerer Datenfelder dient.

Funktionstaste
Eine Tastatur umfaßt neben den alphanumerischen Tasten zur Eingabe von Ziffern, Buchstaben und Sonderzeichen auch Funktionstasten zum Auslösen bestimmter Operationen (z. B. Steuerung des → Cursors). Oft ist es dem Anwender aber auch möglich, die Funktion bestimmter Tasten frei zu definieren.

G

Gatter
→ Verknüpfungsglied

gerade Parität
→ Paritätsbit

gesperrt
Während des → direkten Speicherzugriffs muß der Mikroprozessor seine Tätigkeit einstellen, er muß gesperrt sein. Dieser Zustand wird über ein Sperrsignal oder durch Dehnen des Taktsignals ausgelöst (cycle stealing).

Glasfasertechnik
Technik der optischen Nachrichtenübertragung über dünne ($< 0,1$ mm $\varnothing$) Glasfasern bzw. Glasfaserkabel, die als Leiter für moduliertes Laserlicht dienen. Diese Technik ist deshalb so interessant, weil sich mit ihr störsichere Übertragungskanäle sehr hoher Bandbreite realisieren lassen und außerdem die Abhängigkeit vom Rohstoff Kupfer reduziert wird.

Gleitkommadarstellung
bei rechenintensiven Aufgaben übliche Art der Darstellung von Zahlen in der Form $0, aaa \ldots a \times b^c$. Dabei ist $aaa \ldots a$ die Mantisse, b die Basis und c der Exponent der Gleitkommazahl. Beispiel:

$$218 = 0,218 \times 10^3$$
$$-0,218 = -0,218 \times 10^0$$
$$0,00218 = 0,218 \times 10^{-2}.$$

Vor-zeichen	Mantisse	Vorzeichen d. Exponenten	Exponent
		Charakteristik	

Format von Gleitkommazahlen

GPIB-Bus
steht für „general purpose interface bus". Anderer Name für den → IEC-Bus.

Grafik
die gegenüber Texten oder Zahlen anschaulichere Darstellung von Daten durch zwei- oder dreidimensionale Diagramme. Man spricht auch von 2 D- oder 3 D-Darstellung.

Grafiktablett
Gerät zur Eingabe von Zeichnungen in den Rechner. Der Anwender zeichnet mit einem besonderen Stift auf der Oberfläche des Tabletts, und die Zeichnung erscheint auf dem Bildschirm. Jedem Punkt auf dem Tablett entspricht ein Punkt auf dem Bildschirm.

Größtintegration
Integrationsgrad, bei dem auf einem → Chip ca. 10000 bis 100000 Transistorfunktionen untergebracht sind.

Großintegration
Integrationsgrad, bei dem auf einem → Chip ca. 1000 bis 10000 Transistorfunktionen untergebracht sind.

H

in der Digitaltechnik Abkürzung für → High

halbduplex

bezeichnet ein Übertragungsverfahren, bei dem Datenaustausch in beiden Richtungen möglich ist, zu einem bestimmten Zeitpunkt jedoch nur in eine Richtung gesendet werden kann. Fernschreibnetze arbeiten nach diesem Verfahren.

Haltepunkt

Stelle im Programm, an der es zu Testzwecken bzw. zur Fehlersuche angehalten werden kann. Nach der Überprüfung kann das Programm von dort aus problemlos weiterlaufen.

Handheld-Computer

Tragbare Rechner (1,5–2 kg) im DIN-A4-Format mit Schreibmaschinentastatur und mehrzeiliger → Flüssigkristallanzeige. Teilweise sind kleine Kassettenlaufwerke und Drucker miteingebaut. Die Stromversorgung erfolgt über Akkus.

Handshake-Betrieb

Übertragungsverfahren, bei dem der Empfänger dem Sender über besondere Leitungen den Empfang von Daten bestätigt bzw. mitteilt, daß er zum Empfang weiterer Daten bereit ist. Auf diese Weise können unterschiedlich schnelle Systeme (z. B. Rechner und Drucker) sicher zusammenarbeiten, ohne daß ein → Synchronbetrieb erforderlich ist.

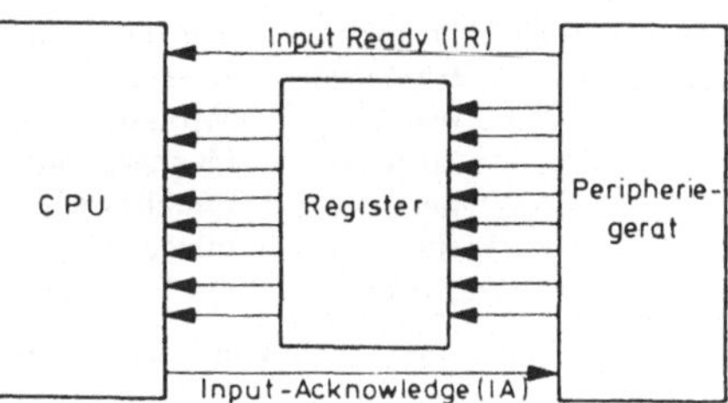

Dateneingabe im Handshake-Betrieb

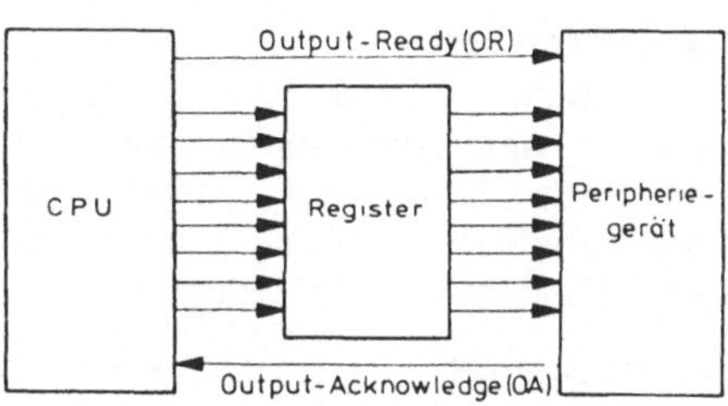

Datenausgabe im Handshake-Betrieb

Hardcopy

Papierausdruck von Bildschirminhalten, z. B. Programmen oder aktuellen Daten.

Harddisk

→ Magnetplatte

Hardsektorierung

Verfahren, bei dem jeder → Sektor einer → Diskette durch ein eingestanztes Loch in der innersten Spur markiert wird. Durch ein Loch in der Hülle werden die Löcher optisch abgetastet. Auf diese Weise kann jeder Sektor identifiziert werden. Hardsektorierte Disketten nutzen den Speicherraum besser als → softsektorierte Disketten, bei denen das Erkennungsproblem softwaremäßig gelöst wird.

Hardware

die elektronischen, elektromechanischen und mechanischen Bauelemente, Baugruppen und Geräte eines Rechnersystems, also alles, was man anfassen kann.

```
                    Hardware
         ┌─────────────┴─────────────┐
   Geräte, Einheiten:           Datenträger:
   ┌──────────┴──────────┐
Zentraleinheit   Periphere   z. B. Diskette,
bzw. CPU         Einheiten   Kassette,
                 wie Dis-    Magnetplatte,
                 kettenein-  Magnetband,
                 heit, Tasta- Winchester-
                 tur,        platte
                 Drucker
```

Die Hardware als harte Ware kann man anfassen

Hauptspeicher
→ Arbeitsspeicher

HDLC-Protokoll
HDLC steht für „high level data link control", ein codeunabhängiges bitorientiertes Steuerungs- und Sicherungs-Verfahren zur synchronen Datenübertragung im → Duplexbetrieb.

Heimcomputer
Rechner mit Preisen von ca. 200,— bis 2000,— DM, die in ihrer Grundversion aus einem Gehäuse mit eingebauter Tastatur bestehen, in dem die → Zentraleinheit und die übrigen elektronischen Schaltungen untergebracht sind. Als Anzeige dient meist ein Fernsehgerät, als → Massenspeicher ein → Kassettenrecorder. Zum Ausbau des Systems werden aber auch → Monitore, → Diskettenspeicher, → Steuerknüppel, → Speichererweiterungen etc. angeboten. Wer nicht selbst in → BASIC programmieren möchte, dem steht reichhaltige Software in Form von Spiel- aber auch Business-Programmen zur Verfügung.

Hexadezimalsystem
Zahlensystem mit der → Basis 16, das eine übersichtlichere Zahlendarstellung erlaubt als das Binärsystem (D 7 ist leichter zu überschauen als 11010111). Die Ziffern 10 bis 15 werden durch die Buchstaben A bis F dargestellt, wie folgende Tabelle zeigt:

dezimal	binär	hexa-dezimal
0	0000	0
1	0001	1
2	0010	2
3	0011	3
4	0100	4
5	0101	5
6	0110	6
7	0111	7
8	1000	8
9	1001	9
10	1010	A
11	1011	B
12	1100	C
13	1101	D
14	1110	E
15	1111	F

High
in der Digitaltechnik der Zustand mit dem positiveren Spannungsniveau

Hintergrundprogramm
Programm, das so abläuft, daß der Anwender bei seiner aktuellen Arbeit nicht gestört wird. Der Drucker kann z. B. Texte ausgeben (Hintergrundprogramm), während der Anwender eine andere Aufgabe erledigt (Hauptprogramm).

höhere Programmiersprache
Höhere Programmiersprachen sind problemorientiert, d. h. auf einen bestimmten Anwendungsbereich zugeschnitten. Sie orientieren sich nicht an einem speziellen Rechner, sondern an den besonderen Erfordernissen der jeweiligen Anwendung. Umfangreiche Probleme lassen sich aufgrund des leistungsfähigen Befehlsvorrats einer höheren Programmiersprache schneller

und wirtschaftlicher programmieren als in → Maschinen- oder Assemblersprache. Zur Übersetzung in die Maschinensprache dient ein → Kompilierer oder → Interpretierer. Gegenüber maschinenorientierten Sprachen ist die Programmlaufzeit allerdings länger und der Speicherplatzbedarf größer. Bekannte höhere Programmiersprachen sind u. a. → ALGOL, → BASIC, → C, → COBOL, → FORTRAN, → LOGO, → PASCAL.

Home-Computer
→ Heimcomputer

IC

steht für „integrated circuit" (→ integrierte Schaltung)

IEC

steht für „international electrotechnical commission", internationale elektrotechnische Kommission für Normungsfragen auf allen Gebieten der Elektrotechnik.

IEC-Bus

Der IEC-Bus ist ein genormtes Bussystem für die Automatisierung von meßtechnischen Abläufen. Er läßt den Anschluß von max. 15 Geräten (Rechner, Meßgeräte, Peripheriegeräte) zu. Der Rechner übernimmt die Steuerung des Systems. Er legt fest, welches Gerät Daten senden oder welche Geräte Daten empfangen können. Der IEC-Bus hat 16 Leitungen (8 Datenleitungen für → bitparallele → asynchrone Datenübertragung, 8 Steuerleitungen). Die Leitungslänge zwischen 2 Geräten ist auf max. 2 m, die Gesamtleitungslänge auf max. 20 m begrenzt. Der IEC-Bus ist nach IEC 625 und IEEE 488 genormt. Beide Normen verwenden aber unterschiedliche Stekker (IEC: 25poliger Stecker, IEEE: 24poliger Stecker) und Steckerbelegungen. Die Industrie stellt Adapter zur Verfügung.

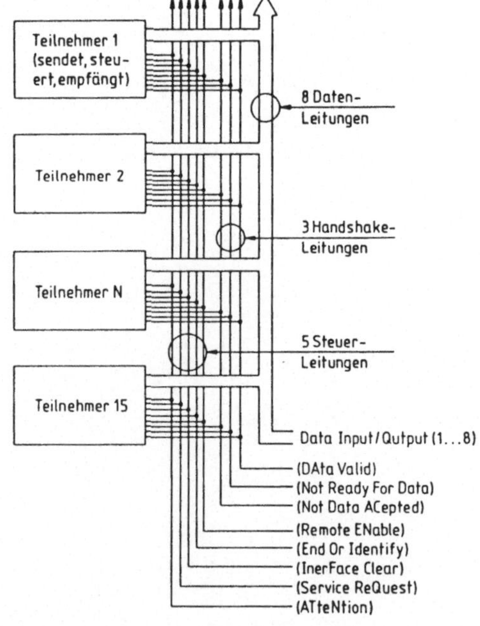

Aufbau eines IEC-Bus-Systems

IEC 625

europäische Norm für den → IEC-Bus

IEEE

steht für „institute of electrical and electronic engineers". Verband amerikanischer Ingenieure, der sich auch Normungsaufgaben widmet.

IEEE 488
amerikanische Norm für den → IEC-Bus

Impact-Drucker
→ Drucker, die die gewünschten Zeichen mechanisch durch den Anschlag von Nadeln oder Typen gegen ein Farbband auf das Papier übertragen.

Implementierung
das Installieren und Einsatzfähigmachen eines Rechnersystems.

In-Circuit-Emulator
Ein In-Circuit-Emulator simuliert den Mikroprozessor (und Arbeitsspeicher) eines Anwendungssystems (zu entwikkelndes System), so daß man mit einem → Entwicklungssystem Zugriff auf das Anwendersystem erhält und so System- und Programmtests ausführen kann. Damit entfällt z. B. das Umprogrammieren von Festwertspeichern während der Entwicklungs- und Testphase.

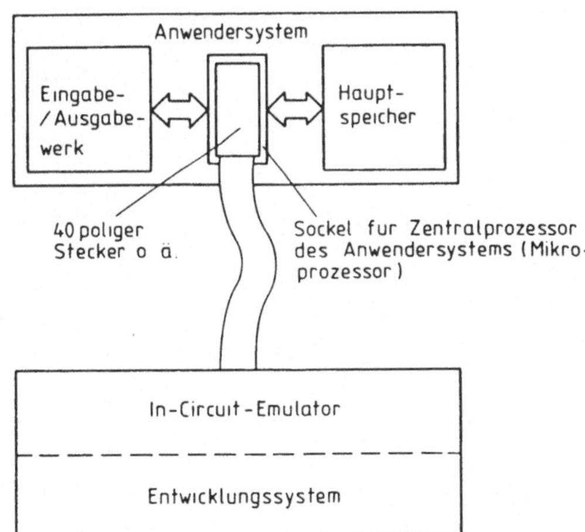

Kopplung eines Anwendersystems mit einem Entwicklungssystem und einem In-Circuit-Emulator beim Prüfen des Anwendersystems

Indexloch
Loch bzw. Löcher in der → Diskette zum Markieren des ersten → Sektors (→ softsektorierte Diskette) bzw. der übrigen Sektoren (→ hardsektorierte Diskette).

Indexregister
Register, das zur → Adressenrechnung bei → indizierter Adressierung dient.

indirekte Adressierung
Bei dieser Adressierungsart enthält der → Adreßteil eines Befehls nicht die → Operandenadresse, sondern eine Adresse, unter der die wirkliche Operandenadresse zu finden ist.

indizierte Adressierung
Bei dieser Adressierungsart wird die wirkliche → Operandenadresse durch Addition der Inhalte eines → Indexregisters und des → Adreßteils des Befehls erzeugt.

Initialisierung
Vorgang, durch den ein Rechner nach dem Einschalten in Betriebsbereitschaft versetzt bzw. vor dem Ablauf eines Programms in den Anfangszustand gebracht wird.

Ink-Jet-Printer
→ Tintenstrahldrucker

Inkrementierung
das Erhöhen eines Register- oder Speicherplatz-Inhaltes um 1. Die Inkrementierung gehört zu den Operationen der → arithmetisch-logischen Einheit.

Integer-Zahl
ganze Zahl, d. h. Zahl, die keine Dezimalstellen aufweist.

integrierte Schaltung
komplette, funktionsfähige elektronische Schaltung auf einem kleinen Siliziumplättchen (Chip), das in ein Kunststoff- oder Keramikgehäuse mit seitlichen Anschlüssen eingeschlossen ist. Komplexe integrierte Schaltungen (Mikroprozessoren, Speicher- und Peripheriebausteine) werden in → MOS- bzw. CMOS-Technik hergestellt, die eine Integration von ca. 100000 Transistorfunktionen ermöglicht. Erst die Integrationstechnik (Epitaxie, Fotolithografie, Diffusion, Maskierung) mit ihrer drastischen Reduzie-

rung der Abmessungen und Preise von elektronischen Bauelementen hat die heutige Mikrocomputertechnik ermöglicht.

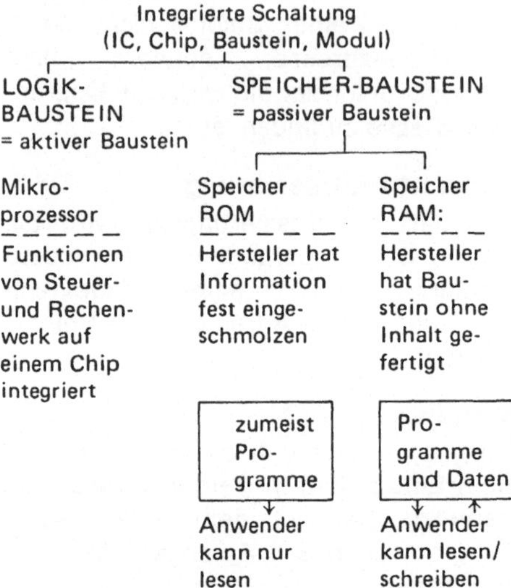

Zwei Hauptanwendungsgebiete von integrierten Schaltungen in Home- und Personal-Computern

integrierte Software

Softwarepaket, das dem Anwender mehrere Funktionen wie Textverarbeitung, Kalkulation, Grafik, Datenbankanwendungen usw. zur Verfügung stellt. Beispiele für diesen Softwaretyp sind u. a. 1-2-3, Open Access, Superscale 3.

interaktiv

im Dialog mit dem Rechner arbeitend (→ Dialogbetrieb)

Interface

→ Schnittstelle

Internspeicher

Bezeichnung für den internen Speicher eines Rechners (→ Arbeitsspeicher) im Gegensatz zu den externen → Massenspeichern (Kassette, Diskette, Magnetplatte).

Interpreter-(Sprache)

→ Interpretierer

Interpretierer

In einer → höheren Programmiersprache erstellte Programme können von einem Rechner nicht direkt ausgeführt werden, sondern sie müssen in die → Maschinensprache des jeweiligen Rechners übersetzt (→ Kompilierer) bzw. interpretiert (Interpretierer) werden. Ein Interpretierer gehört demnach zu den Programmen des → Betriebssystems. Er analysiert das Anwenderprogramm Befehl für Befehl und führt sofort die gewünschten Operationen aus. Der Interpretierer muß sich also während des Programmlaufs im → Arbeitsspeicher befinden. Aufgrund seiner Arbeitsweise kann man mit ihm sehr gut Programme entwickeln und testen. Nachteilig sind die relativ langen Programmlaufzeiten und der Bedarf an Arbeitsspeicherkapazität. Bei Home-Computern befindet sich der BASIC-Interpretierer meist fest im → ROM-Bereich des → Arbeitsspeichers.

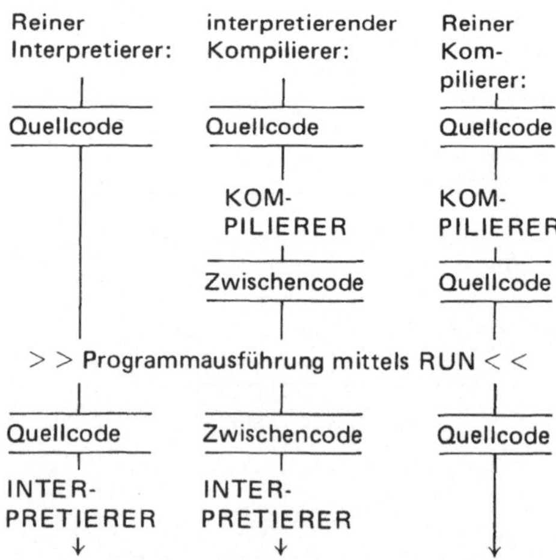

Arbeitsweise von Interpretierer und Kompilierer

Interrupt

Vorgang, der ein ablaufendes Programm unterbricht, um den Start eines anderen Programms zu ermöglichen. Die Interrupt-Verarbeitung ist z. B. in der Meß- und Regeltechnik von Bedeutung, damit ein Mikrocomputer schnell auf wechselnde Situationen reagieren kann. Zu diesem Zweck haben Mikroprozessoren spezielle Anschlüsse für den Empfang von Interrupt-Anforderungen seitens der Peripheriegeräte.

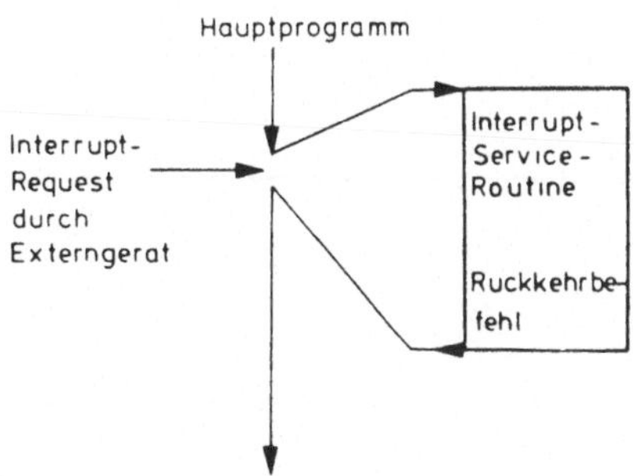

Schematische Darstellung eines Interrupt

invertierte Darstellung
die Möglichkeit, statt heller Zeichen auf einem dunklen Bildschirm auch dunkle Zeichen auf einem hellen Bildschirm darstellen zu können.

I/O
steht für „input/output" (Eingang/Ausgang)

ips
steht für „inch per second", d. h. Zoll pro Sekunde. Die Geschwindigkeit von → Magnetbändern wird z. T. in dieser Einheit angegeben.

ISDN
steht für „integrated services digital network". Digitalarbeitendes Netzwerk zur gemeinsamen Abwicklung verschiedener Dienste wie Fernsprechen, Fernschreiben, Bildschirmtext, Teletex, Rechnerkommunikation usw.

ISO
steht für „international standardization organisation". Internationaler Zusammenschluß aller Normenausschüsse.

ISO/OSI-Modell
Dieses Modell (OSI steht für „open systems interconnection") unterteilt den Kommunikationsvorgang in 7 Schichten. Die unterste Schicht 1 ist die physikalische Schicht (Transportmittel), die oberste Schicht 7 ist die Verarbeitungsschicht. Zwischen kommunizierenden Rechnern findet innerhalb jeder Schicht Informationsaustausch statt, der jeweils auf der darunterliegenden Schicht basiert.

Jazz
→ integrierte Software der Firma Lotus, die dem Anwender die Funktionen Textverarbeitung, Tabellenkalkulation, Kommunikation, Datenbank, Grafik u. a. zur Verfügung stellt. Jazz läuft auf den Apple-Rechnern Macintosh und Lisa, sieht also auch die Benutzung einer → Maus vor.

Joystick
→ Steuerknüppel

K

K
steht für $2^{10} = 1024$

Kalkulationsprogramm
Ein Kalkulationsprogramm stellt dem Anwender auf dem Bildschirm ein sog. Rechenblatt (worksheet) zur Verfügung. Dieses Rechenblatt besteht aus einer Matrix von einzeln ansprechbaren Zellen, in die man Daten (z. B. aus dem Bereich Kostenrechnung) eintragen und mathematisch miteinander verknüpfen kann. Der große Vorteil gegenüber herkömmlichen Verfahren ist, daß der Anwender bei Änderung einer Zahl sofort die neuen Werte aller mit dieser Zahl verknüpften Größen bekommt. Auf diese Weise lassen sich auf dem Bildschirm in kurzer Zeit beliebige Kombinationen durchrechnen, aber auch auf Diskette speichern, ausdrucken oder grafisch darstellen. Bekannte Kalkulationsprogramme für Home- und Personal Computer sind u. a. Visicalc, Supercalc und Multiplan.

Kaltstart
Unter Kaltstart versteht man den Vorgang, der mit dem Einschalten der Netzspannung beginnt und mit der Betriebsbereitschaft des Rechners endet. Während dieser Zeit laufen im Rechner u. a. Rücksetz- und Test-Routinen ab.

Kansas City-Standard
Um Daten mit einem → Kassettenrecorder speichern zu können, müssen sie in Tonsignale umgewandelt werden. Der Kansas City-Standard verwendet für die binäre „1" 8 Schwingungen zu 2400 Hz und für die binäre „0" 4 Schwingungen zu 1200 Hz. Der Standard ist mit ca. 27 Zeichen/s (zu den 8 Datenbits eines Zeichens kommen noch 1 Startbit und 2 Stoppbits) relativ langsam und wurde daher von einigen Herstellern in Richtung höhere Übertragungsgeschwindigkeit modifiziert.

Kapazität
Maß für die Größe von Speichern in (Kilo-)Bits oder (Kilo-)Bytes.

Kassette
preisgünstiges Speichermedium für Home-Computer. Kassetten kommen in vielen verschiedenen Bauformen und Technologien auf den Markt, u. a. als Musik-Kompaktkassetten mit unterschiedlichen Bandlängen und Bandsorten, als Digital-Kassetten und Mikrokassetten. Zur Speicherung und Wiedergabe benötigt man einen → Kassettenrecorder. Kassetten sind ein Speicher mit → seriellem Zugriff.

Kassettenrecorder

Elektromechanisches System zur Datenaufzeichnung und -wiedergabe mittels →
Kassetten. Meist genügt ein handelsübli-
cher Recorder. Einige Computer erfor-
dern aber ein speziell an den jeweiligen
Rechner angepaßtes Gerät.

Kathodenstrahlröhre

Fernsehempfänger und Monitore enthalten eine Kathodenstrahlröhre zur Infor-
mationdarstellung. Die gewünschten
Zeichen und Grafiken werden durch
einen Elektronenstrahl variabler Hellig-
keit und Ablenkung auf den Bildschirm
(Frontseite der Röhre) geschrieben. Die
verschiedenen Röhren unterscheiden
sich u. a. durch ihre → Bildschirmgröße,
die Anzahl der → Bildpunkte und die
Tauglichkeit zur Schwarzweiß- bzw.
Farbwiedergabe.

Kathodenstrahlröhre mit Hochspannungs-
anschluß und Ablenkeinheit
Foto: Texas Instruments

KB

steht für → Kilobyte

KByte

steht für → Kilobyte

Kellerspeicher

→ Stapelspeicher

Kennwort

Aus Gründen der Geheimhaltung ist der
Zugriff auf bestimmte Programme oft nur
über ein Kennwort möglich, das vom
Benutzer vor dem Programmaufruf in
den Rechner eingegeben werden muß.

Kennzeichenbit

→ Zustandsbit

keyboard

engl. für → Tastatur

Kilobyte

In dieser Einheit wird die → Kapazität von
Speichern angegeben. 1 Kilobyte sind
1024 Byte. Viele Home- und Personal
Computer haben in der Grundversion
64 Kilobyte Arbeitsspeicher, lassen sich
aber durch Speichererweiterungen auf
eine größere Kapazität bringen.

Klarschrift

genormte Schrift, die von → Klarschriftlesern automatisch erfaßt werden kann.
Man unterscheidet OCR-Schriften (optical character recognition) und CMC-
Schriften (coded magnetic character).

Klarschriftleser

Geräte zum Erfassen genormter →
Klarschrift und deren Umwandlung in
eine rechnerinterne Form. Es gibt Leser
für optische und magnetische Schrift.

Knotenpunkt

Stelle in einem → Computernetz, an der
eine Verzweigung stattfindet.

Knotenrechner

Rechner im → Knotenpunkt eines →
Computernetzes, der die angeschlossenen Rechner mit Informationen versorgt
bzw. die benötigten Verbindungen her-
stellt.

kombinatorische Logikschaltung

→ Logikschaltung, bei der der Zustand
der Ausgangsvariablen zu jedem Zeitpunkt allein vom Zustand der Eingangsvariablen abhängt.

Kommentar

in einem Programm Bemerkungen zu
einzelnen Programmschritten, die allein
der Beschreibung dienen und beim
Programmablauf ignoriert werden.

kommerzielle Datenverarbeitung

im Gegensatz zu technisch-wissenschaftlichen Anwendungen der Einsatz von Rechnern in der Administration.

Kommunikation

Die Verständigung zwischen Menschen (Mensch-Mensch-Kommunikation), Menschen und Maschinen (Mensch-Maschine-Kommunikation) oder Maschinen (Maschine-Maschine-Kommunikation). Zur erfolgreichen Kommunikation gehören Sender, Übertragungseinrichtungen, Empfänger und eine gemeinsame „Sprache".

kompatibel

Kompatibel heißt: ohne Änderungen verträglich bzw. austauschbar. Dieser Begriff ist u. a. bei elektronischen Bauelementen und Systemen, Hardware und Software von Bedeutung. Zwei Rechner z. B. sind kompatibel, wenn Programme, die auf einem Rechner arbeiten, unverändert auch auf dem anderen Rechner ablaufen können.

Kompatibilität

→ kompatibel

Kompilierer

In einer → höheren Programmiersprache erstellte Programme können von einem Rechner nicht direkt ausgeführt werden, sondern müssen in die → Maschinensprache des jeweiligen Rechners übersetzt (Kompilierer) bzw. interpretiert (→ Interpretierer) werden. Ein Kompilierer ist also ein → Übersetzungsprogramm und gehört zu den Programmen des → Betriebssystems. Die Vorteile von Kompilieren gegenüber Interpretieren liegen in der Schnelligkeit des Programmab-

laufs und beim Bedarf an Speicherplatz (Kompilierer übersetzen das Programm vor dem Ablauf vollständig, so daß sie nicht im Arbeitsspeicher stehen müssen). Nachteilig ist der Aufwand bei Programmänderungen (neuer Kompilierer-Lauf). Für einige Sprachen gibt es daher sowohl Kompilierer als auch Interpretierer, so daß bei Programmentwicklung und Test interaktiv mit Interpretieren gearbeitet werden kann und erst das fertige Programm kompiliert wird.

Komplement

Das Komplement wird in Rechnern zur Darstellung negativer Zahlen verwendet. Man unterscheidet das Einerkomplement und das Zweierkomplement. Beispiel: Das Einerkomplement von 1001 ist 0110 (Inversion). Das Zweierkomplement derselben Zahl ist 0111 (Inversion und Addition von 1).

Konjunktion

→ UND-Funktion

Kopie

nichtflüchtige Darstellung bestimmter Systemzustände, z. B. Ausdrucken von Bildschirm- oder Speicherinhalten.

künstliche Intelligenz

Die Arbeiten zum Thema künstliche Intelligenz beschäftigen sich hauptsächlich mit der Entwicklung immer intelligenterer, d. h. immer flexiblerer und vielseitigerer Software und der Erstellung von sog. Experten- bzw. Wissensverwertungs-Systemen, die durch ihr umfassendes und komprimiertes Wissen dem Menschen als Ratgeber dienen können.

L

L
in der Digitaltechnik Abkürzung für →
Low

laden
die Eingabe von Daten oder Programmen in den → Arbeitsspeicher eines Rechners.

Lader
Teil des → Betriebssystems, der dazu dient, Programme von Eingabegeräten oder Massenspeichern in den → Arbeitsspeicher eines Rechners zu übertragen.

Längsparität
→ Paritätskontrolle

LAN
steht für „local area network" (→ lokales Netzwerk)

Laserdrucker
Schnelldrucker, die nach dem fotoelektrischen Prinzip arbeiten. Ein Laserstrahl zeichnet die gewünschten Zeichen fast trägheitslos als Ladungsbild auf eine rotierende lichtempfindliche Trommel, die beim Drehen mit Pulver beschichtet wird. Das Pulver haftet an den Stellen, die der Laserstrahl belichtet hat, und wird anschließend auf Papier übertragen und durch Wärmeeinwirkung fixiert. Laserdrucker erreichen so Geschwindigkeiten von ca. 20 000 Zeilen/min. Die Preise von Laserdruckern nähern sich langsam denen von → Typenraddruckern, so daß sie auch für Mikrocomputer-Anwendungen interessant werden.

Laufwerk
elektromechanische Antriebseinheit für → Kassetten, → Disketten oder → Magnetplatten.

LCD
steht für „liquid crystal display" (→ Flüssigkristallanzeige)

Leerzeichen
Zeichen, das nicht gedruckt wird, sondern der Bildung von Zwischenräumen dient.

Leerzeile
Zeile, in der keine Zeichen gedruckt werden, sondern lediglich ein Papiertransport stattfindet.

Leiterplatte
Eine Leiterplatte dient als Träger elektronischer Bauelemente. Sie besteht aus Hartpapier oder Kunststoff. Auf einer oder beiden Seiten sind Leiterbahnen aus Kupfer. Bei der Bestückung werden die Bauelemente mit ihren Anschlußstiften in vorgebohrte Löcher gesteckt und mit den Leiterbahnen verlötet. Steckverbinder übernehmen die Verbindung zwischen der Leiterplatte und den übrigen Teilen des Systems.

Leitwerk

Teil des → Mikroprozessors, der den zeitlichen und logischen Arbeitsablauf innerhalb des → Mikrocomputers steuert und überwacht. Zu den wesentlichen Funktionseinheiten des Leitwerks (Steuerwerks) gehören → Befehlszähler, → Befehlsregister und → Befehlsdecodierer.

LF

steht für „line feed" (Zeilenvorschub), ein Zeichen des → ASCII-Codes.

Lichtstift

Eingabegerät für die → interaktive Arbeit am Bildschirm. Der Lichtstift ist ein lichtempfindlicher → Sensor auf der Basis eines Fototransistors. Er erzeugt ein elektrisches Signal, wenn sich der zum Aufbau des Bildes dienende Lichtpunkt an ihm vorbeibewegt. Da die Position des Lichtpunktes auf dem Bildschirm zu jeder Zeit bekannt ist, kann durch Vergleich mit dem Signal des Lichtstiftes dessen Position genau bestimmt und der Bildschirm an dieser Stelle hell gesteuert werden. Auf diese Weise kann mit dem Lichtstift gezeichnet werden, oder es können vom Rechner vorgegebene Funktionen ausgelöst werden (Menütechnik).

LIFO

steht für „last in/first out" (→ Stapelspeicher)

lineares Programm

Ein Programm heißt linear, wenn seine Befehle in der Reihenfolge ausgeführt werden, in der sie abgespeichert sind (unverzweigtes Programm).

Linienstrom-Schnittstelle

→ 20-mA-Stromschleifen-Schnittstelle

LISP

steht für „list processing", eine Ende der 50er Jahre für die Manipulation von Listen entwickelte → höhere Programmiersprache, die für Mikrocomputer-Anwendungen keine Bedeutung erlangt hat. Ihr Einsatzgebiet ist der Bereich der → künstlichen Intelligenz.

Listener

vom engl. listen (zuhören) abgeleitete Bezeichnung für Geräte, die bei der Datenkommunikation innerhalb eines Netzwerks gerade Daten empfangen. Geräte, die nur empfangen, aber nie senden können, sind z. B. Drucker und Plotter.

Listing

vom engl. list (Liste). Man versteht darunter einen Programmausdruck (Programmlisting).

löschen

Vorgang, durch den ein Speicher in den Zustand „keine Daten enthalten" gebracht wird.

Logik

Dieser Begriff wird oft als zusammenfassende Bezeichnung für die → Logikschaltungen eines Gerätes oder Systems verwendet.

Logikanalysator

Meßgerät für die Entwicklung von und die Fehlersuche in Mikrocomputersystemen. Der Logikanalysator speichert die logischen Zustände der zu untersuchenden Schaltung und bringt sie als Impulsdiagramm oder in dualer, oktaler bzw. hexadezimaler Form zur Anzeige. Der Entwickler kann die logischen Zustände überprüfen und somit Fehler feststellen.

Logikschaltung

Schaltung, die eine Anzahl von Eingangsvariablen nach den Regeln der → Schaltalgebra miteinander verknüpft. Dem Schaltungsentwickler stehen u. a. UND-, ODER-, NICHT-, NAND- und NOR-Schaltungen als integrierte Bausteine in verschiedenen Technologien zur Verfügung. Man unterscheidet → kombinatorische und → sequentielle Logikschaltungen.

logischer Befehl

Der → Befehlsvorrat eines Mikroprozessors enthält verschiedene Arten von → Befehlen, u. a. logische Befehle. Logische Befehle bewirken → logische Verknüpfungen und Vergleichsoperationen.

logischer Zustand

Die beiden möglichen logischen Zustände in der Digitaltechnik sind „0" und „1".

logische Verknüpfung

Eine → Logikschaltung verknüpft eine Anzahl von Eingangsvariablen nach den Regeln der → Schaltalgebra zu einer Ausgangsfunktion. Übliche Verknüpfungen sind die → UND-, → ODER-, NICHT-, → NAND- und NOR-Funktionen.

LOGO

am MIT (**M**assachusetts **I**nstitute of **T**echnology) Mitte der 60er Jahre entwickelte → höhere Programmiersprache, die speziell für das Heranführen von Kindern und Anfängern an den Computer geeignet ist. Bekannt ist sie u. a. durch ihre → Schildkröten-Grafik. LOGO ist eine auf → LISP basierende prozedurorientierte Dialogsprache für grafische, textliche und numerische Anwendungen, die mittlerweile für eine Anzahl von Home- und Personal Computern zur Verfügung steht.

lokales Netzwerk

Netzwerk zur internen Daten-, Text- und Nachrichtenkommunikation zwischen räumlich relativ dicht benachbarten Datenstationen (Bürogebäude, Firmengelände).

Low

in der Digitaltechnik der Zustand mit dem negativeren Spannungsniveau.

lpm

steht für „**l**ines **p**er **m**inute", d. h. Zeilen pro Minute. Die Arbeitsgeschwindigkeit von → Druckern wird z. B. in dieser Einheit angegeben.

lps

steht für „**l**ines **p**er **s**econd", d. h. Zeilen pro Sekunde. Die Arbeitsgeschwindigkeit von → Druckern wird z. B. in dieser Einheit angegeben.

LSB

steht für „**l**east **s**ignificant **b**it" (→ Bit mit dem niedrigsten Stellenwert)

LSD

steht für „**l**east **s**ignificant **d**igit", d. h. → Stelle mit dem niedrigsten Stellenwert.

LSI

steht für „**l**arge **s**cale **i**ntegration" (→ Großintegration)

M

Magnetband

mit magnetisierbarem Material beschichtetes Kunststoffband zur Speicherung analoger oder digitaler Daten. Magnetbänder werden je nach Anwendungszweck (Speichern von Daten, Musik, Sprache, Bildern) in unterschiedlichen Gehäusen, Abmessungen und Technologien angeboten. Von besonderer Bedeutung als → Massenspeicher für Home-Computer ist die → Magnetbandkassette.

Magnetbandkassette

in Form der handelsüblichen Musikkassette der preiswerteste → Massenspeicher für Home-Computer. Auf die Daten kann nur → sequentiell zugegriffen werden. Die Aufzeichnung erfolgt nach dem sog. → Kansas City-Standard. Darüberhinaus gibt es speziell für EDV-Anwendungen ausgelegte Datenkassetten nach → ECMA-Norm. In → Handheld-Computern werden gern die von Diktiergeräten her bekannten Mikrokassetten eingesetzt. Die Firma Sinclair verwendet für ihre Rechner unter dem Namen „Microdrive" bekannt gewordene Endlos-Magnetbandkassetten.

Magnetblasenspeicher

auf magnetischen Effekten basierender → Schreib-/Lesespeicher hoher Kapazität. Magnetblasenspeicher sind nicht-flüchtig. Ihren vielen guten Eigenschaften steht z. Zt. noch ein relativ hoher Preis gegenüber. Aus diesem Grund haben sie für Home- und Personal Computer noch keine Bedeutung.

Magnetkopf

→ Schreib-/Lesekopf

Magnetplatte

runde Scheibe aus Aluminium oder Kunststoff, die mit magnetisierbarem Material beschichtet ist. Magnetplatten dienen als → Massenspeicher bei Personal Computern und Anlagen der Mittel- und Groß-EDV. Grundsätzlich unterscheidet man zwischen starren Magnetplatten (z. B. → Winchesterplatten) und flexiblen Magnetplatten (→ Disketten).

Magnetplattenspeicher

mit starren (→ Winchesterspeicher) oder flexiblen (→ Diskettenspeicher) → Magnetplatten als Datenträger arbeitender → Massenspeicher.

Magnetschrift

visuell und maschinell lesbare → Klarschrift, die mittels magnetisierbarer Farbe aufgedruckt wird. Sie wird überwiegend von Banken verwendet. Genormt ist z. B. die CMC 7-Schrift.

Magnetschriftleser

Gerät zum Lesen von Belegen mit → Magnetschrift.

Magnetspur
Daten werden auf → Magnetbandkassetten oder → Magnetplatten in Form von
fortlaufenden bzw. konzentrischen Spuren aufgezeichnet.

Makro
Abkürzung für → Makrobefehl

Makroassembler
→ Assemblersprache, die das Arbeiten
mit → Makrobefehlen gestattet.

Makrobefehl
Befehl in Assemblerprogrammen, der
einer längeren Befehlsfolge entspricht,
die mehrmals benötigt wird. Beim Übersetzen des Programms werden die
Makrobefehle automatisch durch die
entsprechenden Befehlsfolgen ersetzt.
Das Arbeiten mit Makrobefehlen erleichtert die Programmierung und macht die
Programme übersichtlicher.

Manual
engl. Bezeichnung für Anwenderhand-
bücher, Benutzerhandbücher und Doku-
mentationen, die zur Erklärung und
Inbetriebnahme von Rechnern und Soft-
wareprodukten vom Hersteller mitgeliefert werden.

Maschinenadresse
→ absolute Adresse

Maschinenbefehl
Befehl, der von der → Zentraleinheit
eines Rechners direkt erkannt und ausgeführt werden kann.

Maschinencode
Art der Darstellung von Programmen und
Daten, in der sie von der → Zentraleinheit
eines Rechners direkt erkannt und verarbeitet werden können.

maschinenorientierte Sprache
Programmiersprache, die sich eng an
den Befehlsaufbau und Befehlsvorrat
des jeweiligen Rechners anlehnt. Im
Gegensatz zu Programmen in → höheren
Programmiersprachen lassen sich in
maschinenorientierten Sprachen er-

stellte Programme nicht ohne Änderungen auf andere Rechner übertragen. Alle
→ Assemblersprachen sind maschinen-
orientiert.

Maschinenprogramm
Programm, das entweder in → Maschinensprache geschrieben bzw. durch
Kompilieren, Assemblieren oder Interpretieren in Maschinensprache übersetzt wurde. Es besteht lediglich aus
Nullen und Einsen und enthält nur →
absolute Adressen.

Maschinensprache
→ Programmiersprache, bei der das
Programm in binärer Darstellung (Nullen
und Einsen) niedergeschrieben wird. Ein
in Maschinensprache vorliegendes Programm (→ Maschinenprogramm) kann
vom Rechner direkt (ohne Übersetzung)
verstanden und ausgeführt werden. Das
Programmieren in Maschinensprache ist
sehr zeitaufwendig und fehleranfällig.
Andererseits sind Maschinenpro-
gramme sehr schnell und speicherplatz-
sparend.

Maschinenwortlänge
Anzahl der Bits, die von einem Rechner
als zusammengehörige Einheit betrachtet und verarbeitet werden. Im Home- und
Personal Computer-Bereich dominieren
8-Bit- bzw. 16-Bit-Rechner.

Maschinenzyklus
Zeitraum, in dem das → Mikroprogramm
eines Rechners einmal durchlaufen wird.

Maske
→ Bildschirmmaske

Massenspeicher
im Gegensatz zum → Arbeitsspeicher zur
Aufnahme großer Datenmengen vorge-
sehener → Externspeicher. Übliche Massenspeicher für Home- und Personal-
Computer sind → Magnetbandkassetten,
→ Disketten und → Winchesterplatten.

Master
Damit bezeichnet man oft eine Original-
Diskette oder -Kassette. Um den Master –

Matrixdrucker OMNI 955
Foto: Texas Instruments

und damit wertvolle Software – vor Beschädigung bzw. Verlust zu schützen, arbeitet man im täglichen Einsatz mit Arbeitskopien.

Matrixanzeige

Anzeigeverfahren, das zur Darstellung der gewünschten Zeichen eine jeweils wechselnde Anzahl von Punkten aus einer Punktmatrix verwendet. Die Matrix kann 5×7, 7×9 oder eine andere Anzahl von Punkten umfassen. Matrixanzeigen werden u. a. bei → Handheld- und → Taschen-Computern eingesetzt.

Matrixdrucker

Drucker, der zur Darstellung der gewünschten Zeichen eine jeweils wechselnde Anzahl von Punkten aus einer Punktmatrix verwendet. Matrixdrucker sind schneller und preiswerter als → Typenraddrucker. Ihr Schriftbild ist allerdings nicht so gut. Matrixdrucker können

als → Impact-Drucker (Stahlnadeln stoßen gegen ein Farbband) oder als → Non-Impact-Drucker (ein feiner Tintenstrahl wird auf das Papier gespritzt) ausgeführt werden. Auch → Thermodrukker arbeiten nach dem Matrixverfahren.

Maus

Darunter versteht man eine → Eingabeeinheit für Personal Computer. Es handelt sich um einen kleinen Kasten auf Rollen, der auf der Tischplatte umhergeschoben wird und eine Leuchtmarke auf dem Bildschirm zur gewünschten Funktion bewegt. Wird eine Taste auf der Maus gedrückt, wird die gewünschte Funktion ausgelöst.

MB

steht für → Megabyte

MBASIC

steht für Microsoft-BASIC, eine BASIC-Version der Firma Microsoft.

MByte

steht für → Megabyte

MC, µC

Abk. für → Mikrocomputer

Megabyte

In dieser Einheit wird die → Kapazität von → Massenspeichern angegeben. 1 Megabyte sind 1048576 Byte (2^{20} Byte). Das entspricht etwa 500 Schreibmaschinenseiten zu je 2000 Anschlägen.

Mehradreßbefehl

Befehl, der in seinem → Adreßteil mehr als eine Adresse enthält.

Mehrbenutzerbetrieb

Eine der möglichen → Betriebsarten eines Rechners, bei der mehrere Benutzer unabhängig voneinander über Terminals mit dem Rechner arbeiten können. Auf diese Weise können z. B. teure Peripheriegeräte gemeinsam genutzt werden.

Mehrprogrammbetrieb

Eine der möglichen → Betriebsarten eines Rechners, bei der mehrere voneinander unabhängige Programme in einer → Zentraleinheit nach festgelegten → Prioritäten bearbeitet werden.

Menütechnik

Verfahren zum Vereinfachen der Arbeit mit einem Rechner. Dem Benutzer werden dabei auf dem Bildschirm verschiedene Eingabemöglichkeiten angeboten. Hat er sich für eine Eingabe entschieden und diese ausgeführt, erscheint ein neues Menü mit weiterführenden Möglichkeiten.

Microdrive

auf einer Endlos-Magnetbandkassette basierender → Massenspeicher der Firma Sinclair.

Mikrocomputer

auf einem → Mikroprozessor basierender Rechner. Home- und Personal Com-

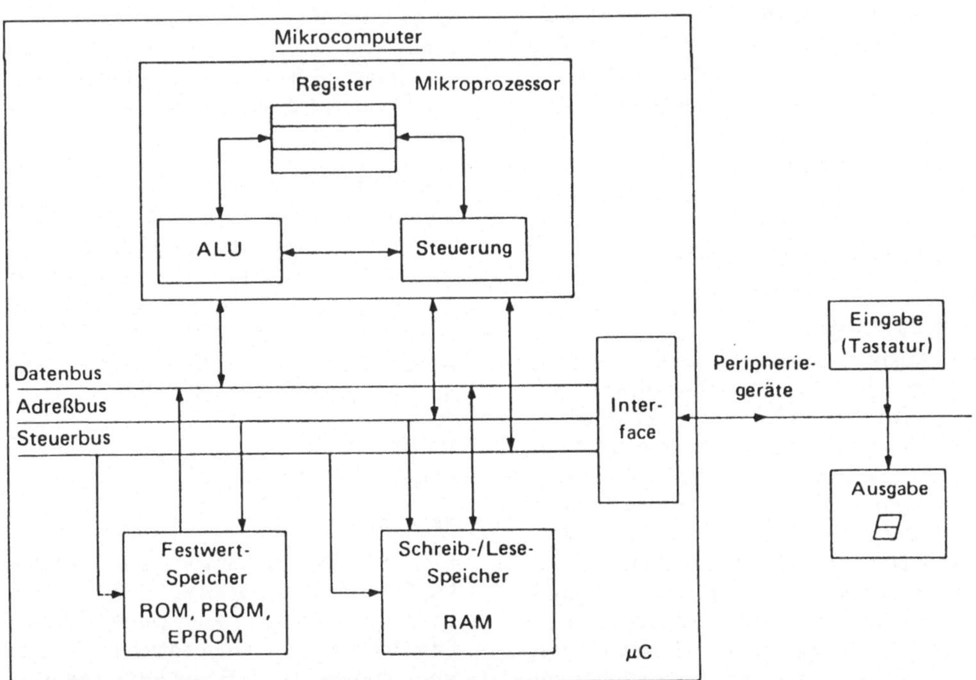

Der Mikroprozessor, die Zentraleinheit eines Mikrocomputers

puter sind also Mikrocomputer für universelle Anwendungen, denn sie können für verschiedene Aufgaben programmiert werden. Es gibt aber auch Mikrocomputer für spezielle Anwendungen in der Meß-, Steuer- und Regeltechnik. Sie sind oft als Einplatinen- oder Einchip-Versionen ausgeführt.

Mikrocomputer-Anwendungen

Die Hauptanwendungsgebiete von Mikrocomputern sind freiprogrammierbare Universalrechner (Home- und Personal Computer) und dedizierte Systeme (auf bestimmte Anwendungen in der Meß-, Steuer- und Regeltechnik, Kraftfahrzeugelektronik, Unterhaltungselektronik, Hausgerätetechnik usw. zugeschnittene Systeme).

Mikro-Floppy

→ Diskette mit einem Durchmesser von 3 Zoll bzw. $3^1/_2$ Zoll.

Mikrokassette

Magnetbandkassette, wie sie in Diktiergeräten verwendet wird. Mikrokassetten werden als → Massenspeicher in → Handheld-Computern eingesetzt.

Mikroprogramm

in der → Zentraleinheit eines Rechners festverdrahtetes Programm, das die Bearbeitung der Befehle steuert.

Mikroprozessor

Ein Mikroprozessor ist eine hochintegrierte Schaltung, die → Rechenwerk und → Leitwerk eines Rechners auf einem → Chip realisiert. Weitverbreitete 8-Bit-Mikroprozessoren sind 6502, Z 80, 6800, 6809 und 8080/8085. Im 16-Bit-Bereich sind die Prozessoren 8086/8088, 68000 und Z 8000 führend. 32-Bit-Mikroprozessoren stehen am Beginn ihrer Einführung. Fügt man einem Mikroprozessor Schreib-/Lesespeicher, Festwertspeicher und Ein-/Ausgabe-Schaltungen hinzu, so entsteht ein → Mikrocomputer.

Minicomputer

Rechner, deren Leistungsfähigkeit oberhalb der von Personal Computern liegt. Minicomputer werden oft im technisch-wissenschaftlichen Bereich eingesetzt.

Mini-Floppy

→ Diskette mit einem Durchmesser von $5^1/_4$ Zoll

mischen

das geordnete Erzeugen einer neuen Datei aus verschiedenen anderen Dateien.

Mixed Hardware

Rechnersysteme, in denen Komponenten (Tastatur, Monitor, Drucker usw.) verschiedener Hersteller zusammenarbeiten, bezeichnet man als Mixed Hardware.

mnemonischer Code

symbolische Schreibweise für Befehle, die die Programmierung gegenüber der binären oder hexadezimalen Schreibweise erleichtert. Die → Assemblersprache arbeitet mit diesen sog. „Mnemonics", die Abkürzungen von Begriffen der engl. Sprache sind. „Mnemonic" kann man also als „Merkhilfe" übersetzen.

mobiles Terminal

kleines, tragbares Terminal mit Batteriebetrieb zur Datenerfassung vor Ort, z. B. im Außendienst. Die Daten werden über Tastatur, Lichtstift oder Strichcodeleser eingegeben, aufbereitet und mittels → Akustikkoppler über das Fernsprechnetz an die Zentrale überspielt.

mode

engl. für → Betriebsart

MODEM

Ein MODEM (Kunstwort aus **Modu**tor/**Demo**dulator) ist eine → Datenübertragungseinrichtung zum Umsetzen von Gleichstrom- in Wechselstrom-Signale und umgekehrt. Z. B. benötigt jeder → Bildschirmtext-Teilnehmer ein MODEM,

das den Fernsehempfänger über das →
Fernsprechnetz mit der → Bildschirmtext-Zentrale verbindet.

Modul

Mit Modul bezeichnet man einen Baustein, eine Baugruppe bzw. einen Teil
eines größeren Systems. Dabei wird
dieser Begriff sowohl im Hardware- als
auch im Software-Bereich verwendet.

modular

aus → Modulen bestehend bzw. aufgebaut

Modula 2

auf → PASCAL basierende → höhere
Programmiersprache, bei der die Programme aus Modulen aufgebaut werden, die getrennt voneinander übersetzt
werden können. Modula 2 ist eine Art
verbessertes PASCAL, die sowohl für die
System- als auch für die Anwendungs-
programmierung geeignet ist.

Monitor

1. Während bei Home-Computern Fern-
sehgeräte als Sichtgeräte dominieren,
werden bei Personal Computern wegen
der besseren Bildqualität (höhere Auflösung) Monitore bevorzugt. Mit ihnen
kann man normalerweise 24 bzw. 25
Zeilen zu 80 Zeichen darstellen. Für die
Textverarbeitung etc. genügen → mono-
chrome Monitore. Bei Grafikanwendun-
gen und Spielen werden meist Farbmoni-
tore eingesetzt.
2. Zum Betriebssystem eines Rechners
gehörendes Steuer- und Überwachungs-
programm.

monochrom

bedeutet „einfarbig"

MOS

steht für „metal oxide semiconductor"
und bezeichnet eine auf dem Einsatz
von Feldeffekt-Transistoren basierende
Technologie zur Herstellung hochinte-
grierter Schaltungen, also von Mikroprozessoren, Halbleiterspeichern, periphe-
ren Schaltungen etc. Es gibt verschiedene Abarten der MOS-Technologie.

Besondere Bedeutung für den Einsatz in
batteriebetriebenen Geräten hat die sog.
→ CMOS-Technik erlangt.

Mosaikdrucker

→ Matrixdrucker

MP, μP

Abk. für → Mikroprozessor

MP/M-80

Mehrbenutzer-Version des 8-Bit-Be-
triebssystems → CP/M-80

MP/M-86

Mehrbenutzer-Version des 16-Bit-Be-
triebssystems → CP/M-86.

MPU

steht für „microprocessor unit" (→ Mikroprozessor)

MSB

steht für „most significant bit" (→ Bit mit
dem höchsten Stellenwert).

MSD

steht für „most significant digit", d. h.
Stelle mit dem höchsten Stellenwert.

MS-DOS

16-Bit-Betriebssystem der Firma Microsoft zur Unterstützung der Mikroprozessoren 8086/8088.

MSI

steht für „medium scale integration",
d. h. Integration mittleren Umfangs. Bei
diesem Integrationsgrad sind auf einem
→ Chip ca. 50 bis 1000 Transistorfunktionen untergebracht.

MSX

steht für „Microsoft extended Basic" und
darüber hinaus für einen Home-Compu-
ter-Standard, dem sich zahlreiche japa-
nische, aber auch andere Hersteller
angeschlossen haben. Ziel ist die Soft-
ware-Kompatibilität von MSX-Rechnern
untereinander. Hardwaremäßig liegen
dem MSX-Standard u. a. folgende Vereinbarungen zugrunde: Z 80A-Mikropro-
zessor, 9918 Videoprozessor, 32-KByte-

Festwertspeicher (ROM), min. 8-KByte-Schreib-/Lesespeicher (RAM), RS 232 C-Schnittstelle.

Multiplan

→ Kalkulationsprogramm der Firma Microsoft

Multiplex-Betrieb

Verfahren zur Mehrfachausnutzung von Leitungen. Beispiele sind z. B. der Anschluß von Tastaturen oder die Ansteuerung von 7-Segment-Anzeigen.

Multiplexer

Bauelement, das eine Anzahl von Leitungen mit einer anderen Anzahl von Leitungen verbindet und so → Multiplex-Betrieb ermöglicht.

Multiprogrammierung

→ Mehrprogrammbetrieb

Multi-User-Betrieb

→ Mehrbenutzerbetrieb

MUPID

steht für „**M**ehrzweck **u**niversell **p**rogrammierbarer **i**ntelligenter **D**ekodierer", ein → Bildschirmtext-Endgerät, das auch als Home-Computer benutzt werden kann.

MUX

steht für → „**Mu**ltiplexer"

N

Nadeldrucker

→ Matrixdrucker, der die gewünschten Zeichen mechanisch durch den Anschlag von Stahlnadeln gegen ein Farbband auf das Papier überträgt (→ Impact-Drucker).

NAK

steht für „negative acknowledge". Steuerzeichen des → ASCII-Codes, das dem Sender einen nicht korrekten Empfang der Daten anzeigt.

NAND-Funktion

Logische Verknüpfung der Eingangsvariablen A, B zur Ausgangsvariablen C nach folgendem Schema:

A	B	C
0	0	1
0	1	1
1	0	1
1	1	0

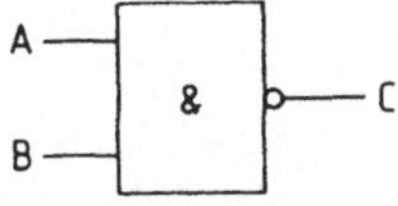

Schaltzeichen der NAND-Funktion

Nassi-Shneiderman-Diagramm

→ Struktogramm

NDRM

steht für „non-destructive readout memory" und bezeichnet Speicher, deren Inhalt beim Lesen der Daten nicht zerstört wird.

Negation

→ NICHT-Funktion

Netzwerk

→ Computernetz(werk)

Nibble

Folge von 4 Bit, die auch als Halbbyte bezeichnet wird.

nichtflüchtiger Speicher

Wenn die Daten in einem Speicher auch nach dem Ausschalten der Versorgungsspannung erhalten bleiben, spricht man von einem nichtflüchtigen Speicher. Dazu gehören die mit magnetischer Aufzeichnung arbeitenden Speicher, also → Magnetbandkassetten, → Disketten, → Magnetplatten, aber auch → Magnetblasenspeicher und → Festwertspeicher (ROM).

NICHT-Funktion

logische Verknüpfung der Eingangsvariablen A mit der Ausgangsvariablen B
nach folgendem Schema:

A	B
0	1
1	0

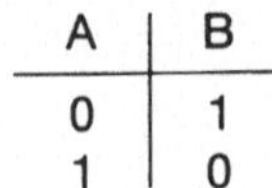

Schaltzeichen der NICHT-Funktion

niedrigstwertige Stelle

die in einer Zahl am weitesten rechts
befindliche Position.

niedrigswertige Ziffer

die in einer Zahl am weitesten rechts
stehende Ziffer.

Non-Impact-Drucker

→ Drucker, die die gewünschten Zeichen
nicht durch mechanischen Anschlag (→
Impact-Drucker), sondern durch physikalische, chemische oder andere Verfahren auf das Papier übertragen. Zu den
Non-Impact-Druckern gehören → Thermodrucker, → Laserdrucker, → Tintenstrahldrucker. Ihre Vorteile sind Ge-
räuscharmut und hohe Druckgeschwin-
digkeit.

NOR-Funktion

logische Verknüfpung der Eingangsvariablen A, B zur Ausgangsvariablen C
nach folgendem Schema:

A	B	C
0	0	1
0	1	0
1	0	0
1	1	0

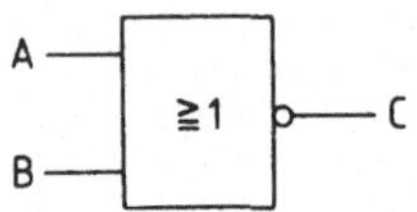

Schaltzeichen der NOR-Funktion

Normaldiskette

→ Disketten mit einem Durchmesser von
8 Zoll werden oft als Normaldisketten
bezeichnet.

NRZ

steht für „nonreturn to zero" (→ Richtungsschrift, → Wechselschrift).

numerisch

aus Ziffern bzw. aus Ziffern und Sonderzeichen bestehend.

Nur-Lese-Speicher

→ Festwertspeicher

OASIS
Mehrbenutzer-Betriebssystem, das sowohl für 8- als auch für 16-Bit-Rechner zur Verfügung steht.

Objektcode
andere Bezeichnung für → Maschinencode

Objektprogramm
andere Bezeichnung für → Maschinenprogramm

Objektsprache
andere Bezeichnung für → Maschinensprache

OCR-Schrift
Die OCR-Schriften OCR-A und OCR-B gehören zu den → Klarschriften, die von → Klarschriftlesern erfaßt werden können. OCR steht für „optical character recognition". OCR-A-Schrift ist z. B. von Scheckvordrucken her bekannt.

```
0123456789
ﬗ⅄Ⅎ|
ABCDEFGHIJKLM
NOPQRSTUVWXYZ
•¬=+-/*
```

Zeichen der OCR-A Schrift

ODER-Funktion
logische Verknüpfung der Eingangsvariablen A, B zur Ausgangsvariablen C nach folgendem Schema:

A	B	C
0	0	0
0	1	1
1	0	1
1	1	1

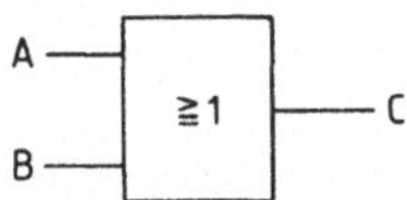

Schaltzeichen der ODER-Funktion

OEM
steht für „original equipment manufacturer". OEMs beziehen bestimmte Produkte von anderen Herstellern, um diese in ihre eigenen Geräte einzubauen (z. B. Diskettenlaufwerke) oder unter ihrem eigenen Namen zu verkaufen (z. B. Drucker).

Off-line-Betrieb
eine der möglichen → Betriebsarten eines Rechners, bei der bestimmte Peripheriegeräte vom Rechner getrennt betrieben werden. Auf diese Weise kann die schnellere Zentraleinheit unabhängig von den langsameren Peripheriegeräten arbeiten.

Oktalsystem

Zahlensystem mit der → Basis 8, das zur Zahlendarstellung die Ziffern 0 bis 7 benötigt. Alle Zahlen werden als Summe der Vielfachen der Potenzen der Basis 8 dargestellt:
$$596 = 1 \cdot 8^3 + 1 \cdot 8^2 + 2 \cdot 8^1 + 4 \cdot 8^0$$

Oktalzahl

Zahl des → Oktalsystems.

On-line-Betrieb

eine der möglichen → Betriebsarten eines Rechners, bei der die Peripheriegeräte direkt mit dem Rechner verbunden sind.

Opcode

steht kurz für → Operationscode

Open Access

→ Integrierte Software der Firma **S**oftware **P**roducts **I**nternational. Open Access bietet dem Anwender die Funktionen Datenverwaltung, Kalkulation, Textverarbeitung, Grafik, Terminplanung und Kommunikation.

Operand

Größe, mit der in einem Rechner z. B. arithmetische oder logische Operationen ausgeführt werden.

Operandenadresse

→ Adresse, unter der ein → Operand im Speicher abgelegt ist.

Operandenteil

Teil eines → Befehls, der die → Operanden selbst oder die → Adressen der Operanden enthält.

Operating System

engl. für → Betriebssystem

Operationscode

Code, in dem der → Operationsteil eines → Befehls vorliegt. Befehle können z. B. binär, hexadezimal oder mnemonisch codiert sein.

Operationsteil

Teil eines → Befehls, der die auszuführende Operation definiert, z. B. addieren.

Operationsteil	Operandenteil
Was?	Womit? Woher? Wohin?

Ein Befehl besteht aus Operationsteil und Operandenteil

OR

→ ODER-Funktion

Organisationsprogramm

Teil des → Betriebssystems, das die Steuerung des Arbeitsablaufs eines Rechners übernimmt.

Orgware

in Anlehnung an Hard- und Software gebildeter Begriff, der die organisatorischen Voraussetzungen des Einsatzes von Rechnern umfaßt.

Output

engl. für → Ausgabe(daten)

Overflow

engl. für → Überlauf

Overlay-Technik

Technik zum Unterteilen von Programmen, deren Länge den zur Verfügung stehenden Arbeitsspeicherbereich überschreitet, in einzelne Segmente. Nur die jeweils benötigten Segmente stehen im Arbeitsspeicher, die restlichen Programmteile bleiben im Massenspeicher. Wird ein Programmsegment für den Arbeitsablauf nicht benötigt, wird es durch ein anderes aktuelles Segment überschrieben.

Paketvermittlung

Übertragungsverfahren im → Datex-P-Netz, bei dem keine direkte Verbindung zwischen den Teilnehmern besteht, sondern die Daten als „Pakete" mit Adreß- und Steuerinformationen versehen in das Netz eingespeist werden.

PAL-Modulator

Diese Baugruppe wandelt die Signale eines Rechners so um, daß sie auf einem Fernsehempfänger dargestellt werden können.

parallele Schnittstelle

→ Schnittstelle, bei der die Bits eines Zeichens gleichzeitig über verschiedene Leitungen übertragen werden. Eine weitverbreitete parallele Schnittstelle ist die → Centronics-Schnittstelle für den Anschluß von Druckern.

Parallelverarbeitung

Parallel bedeutet, daß die Bits eines Zeichens gleichzeitig über verschiedene Leitungen übertragen und verarbeitet werden.

Paritätsbit

→ Prüfbit, das einem Datenwort hinzugefügt wird, um eine → Paritätsprüfung zu ermöglichen.

Paritätskontrolle

→ Paritätsprüfung

Paritätsprüfung

Durch die Paritätsprüfung können Fehler bei der Datenübertragung erkannt werden. Dem zu übertragenden Datenwort wird ein → Paritätsbit angefügt, um zusammen eine gerade oder ungerade Anzahl von Einsen (gerade oder ungerade Parität) zu erhalten. Auf diese Weise läßt sich die fehlerhafte Übertragung eines Bits feststellen. Da Fehler in mehr als einer Bitposition selten sind, ist die Paritätsprüfung eine effektive Kontrolle (Fehler in zwei Bitpositionen werden allerdings nicht erkannt).

Bild a) und b) siehe Seite 64

Pascal

weitverbreitete → höhere Programmiersprache, die Anfang der 70er Jahre von N. Wirth entwickelt wurde und wegen ihrer Strukturierungsmöglichkeiten von Ausbildern und Programmierern gegenüber BASIC favorisiert wird. Pascal ist für Anfänger schwerer zu erlernen als BASIC, bietet dann aber die Möglichkeit, bessere und schnellere Programme zu erstellen. Fast alle Computerhersteller bieten neben BASIC und anderen Sprachen auch Pascal an.

PC

weitverbreitete Abkürzung für → Personal Computer, speziell für den IBM-Personal Computer.

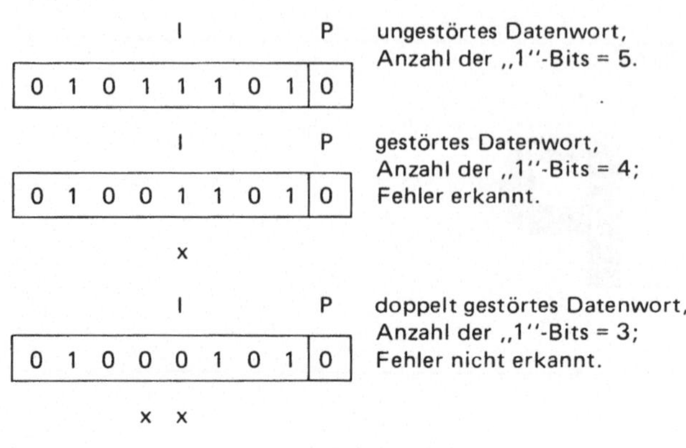

I = Informationsbits   P = Paritätsbit

a) Horizontal-Paritätsprüfung auf ungerade Parität

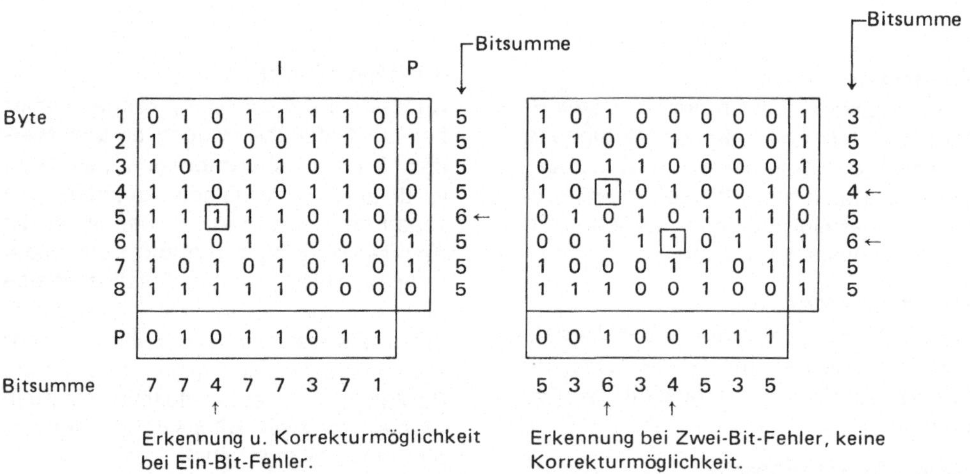

b) Horizontal- und Vertikal-Paritätsprüfung auf ungerade Parität

Paritätsprüfung: ein Verfahren zum Erkennen von Fehlern bei der digitalen Datenübertragung

PC-DOS

IBM-Version des Betriebssystems → MS-DOS

PE

steht für „phase encoding", d. h. Phasen-Verschlüsselung (→ Richtungstakt-schrift)

PEEK-Anweisung

Anweisung, die es gestattet, einen Wert direkt aus einem beliebigen Speicher-platz zu lesen.

Peripheriegerät

Die wichtigsten Peripheriegeräte für Home- und Personal Computer sind: → Externspeicher, → Monitore, → Drucker.

Permanentspeicher

Speicher, dessen Inhalt beim Abschalten der Versorgungsspannung erhalten bleibt.

Personal Computer

Dieser Begriff bezeichnet Rechner, die dem Anwender am Arbeitsplatz zur Lösung seiner Aufgaben persönlich zur Verfügung stehen. Typische Personal Computer-Systeme bestehen aus 8- oder 16-Bit-Rechner, Tastatur, Monitor, 1 oder 2 Diskettenlaufwerken und Drucker. Der Preis für solche Anlagen bewegt sich zwischen ca. 6000,— und 20000,— DM.

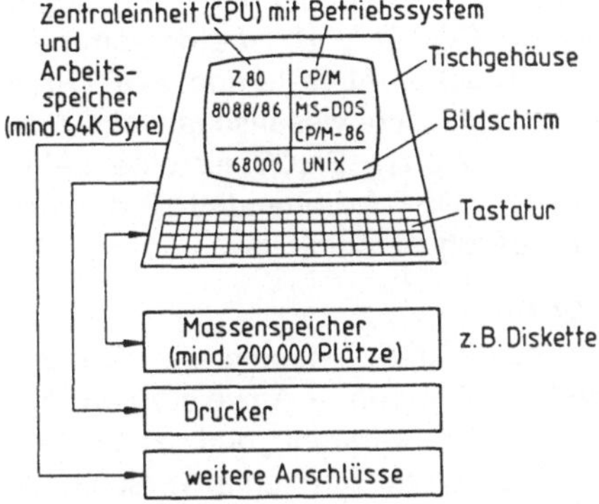

Ausstattung eines typischen Personal Computers (schematisch)

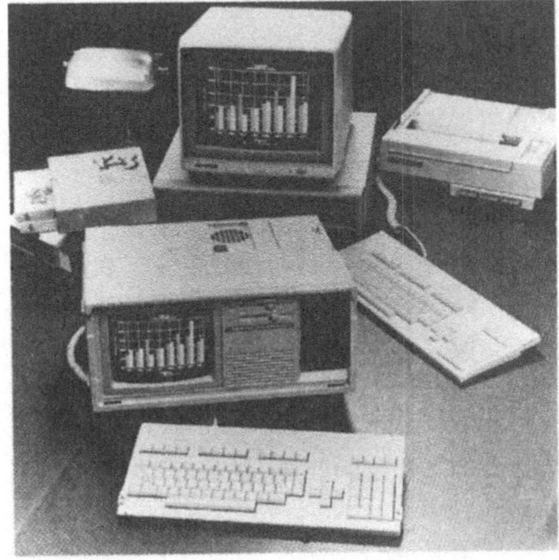

Viele Personal Computer — hier der Texas Instruments Professional — gibt es auch als Portable
Foto: Texas Instruments

Pflichtenheft

Im Pflichtenheft wird vom Anwender genau festgeschrieben, welchen Anforderungen der zukünftige Rechner genügen soll bzw. welche Aufgaben er zu erfüllen hat. Das Pflichtenheft ist die Grundlage der gesamten Hard- und Software-Konzeption.

physikalische Adresse

→ absolute Adresse

PIA

steht für „peripheral interface adapter", d. h. peripherer Schnittstellen-Adapter. Schaltung zum Aufbau einer → parallelen Schnittstelle.

PILOT

steht für „programmed inquiry learning or teaching" und ist eine → höhere Programmiersprache für den Bereich Lehren und Lernen mit dem Rechner.

Pixel

→ Bildpunkt

Platine

→ Leiterplatte

Plattenspeicher

→ Magnetplattenspeicher

Plotter

Plotter gehören zu den → Ausgabegeräten für Mikrocomputer. Sie dienen zum Erstellen von (mehrfarbigen) Diagrammen und Zeichnungen. Man unterscheidet Flachbrettplotter (der Zeichenstift bewegt sich in X- und Y-Richtung) und Trommelplotter (der Zeichenstift bewegt sich nur in X-Richtung, die Y-Ablenkung erfolgt durch Bewegung des auf die Trommel aufgespannten Papiers). Einfache Plotter gibt es ab ca. 3000,— DM.

PL/1

steht für „programming language one" und ist eine von IBM aus ALGOL-, COBOL- und FORTRAN-Elementen entwickelte → höhere Programmiersprache. Für Personal Computer hat sie bisher kaum Bedeutung. Das Ziel bei der Entwicklung von PL/1 in den 60er Jahren war eine Programmiersprache, die man sowohl im kommerziellen als auch im technisch-wissenschaftlichen Bereich einsetzen konnte.

Pocket Computer
engl. für → Taschencomputer

POKE-Anweisung
Anweisung, die es gestattet, einen Wert direkt in einen beliebigen Speicherplatz zu schreiben.

Port
Ein-/Ausgang an einem Rechner zum Anschluß von Peripheriegeräten.

Portabilität
Portabel bedeutet, daß ein Programm ohne Änderungen oder Modifikationen auch auf anderen Rechnern läuft.

Portable
Computer, die aufgrund ihres Aufbaus, ihrer Abmessungen und ihres Gewichts leicht zu verschiedenen Arbeitsplätzen oder auf Reisen mitgenommen werden können.

Tragbarer Personal Computer mit 9''-Monitor und 2 Diskettenlaufwerken. Beim Transport wird die Tastatur durch 2 Schnappverschlüsse mit dem Gehäuse verbunden

Primärprogramm
Programm, das in einer → höheren Programmiersprache vorliegt und noch nicht in die → Maschinensprache des Rechners übersetzt wurde. Eine andere Bezeichnung ist → Quellenprogramm.

Printer
engl. für → Drucker

Priorität
Priorität heißt Vorrang und kennzeichnet die Reihenfolge, in der mehrere anstehende Programme vom Rechner bearbeitet werden.

problemorientierte Programmiersprache
→ Höhere Programmiersprachen sind problemorientiert, d. h. sie sind auf einen bestimmten Aufgabenbereich zugeschnitten. COBOL z. B. ist eine kommerzielle Sprache, ALGOL und FORTRAN sind für technisch-wissenschaftliche Aufgaben konzipiert. PILOT ist eine Lehrsprache, FORTH behandelt Probleme der Steuerungstechnik usw.

Programm
nach bestimmten Regeln (→ Syntax) erstellte Folge von → Anweisungen, die ein Rechner versteht und ausführen kann. Programme können in verschiedenen → Programmiersprachen geschrieben sein. Je nach Aufgabenstellung unterscheidet man: → Anwenderprogramme (branchenneutral, branchenspezifisch), → Systemprogramme, Lehr- und Lernprogramme, Spiele.

Grafische Darstellung siehe Seite 67

Programmablaufplan
Im Programmablaufplan (auch Flußdiagramm genannt) wird mit Hilfe genormter Symbole der logische Ablauf und Zusammenhang der einzelnen Schritte einer EDV-Aufgabe dargestellt.

	Operation allgemein		Flußlinie
Verzweigung		Bemerkung
Unterprogramm		Eingabe, Ausgabe
Übergangsstelle		Grenzstelle

Die wichtigsten Sinnbilder für Programmablaufpläne

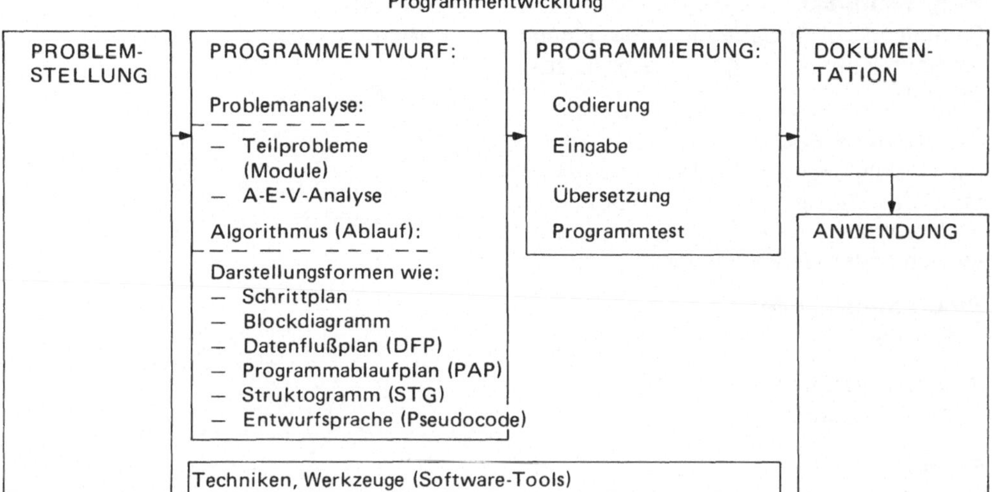

Programmentwicklung in Teilschritten

Programmbereich

derjenige Bereich des → Arbeitsspeichers, in dem Programme aufbewahrt werden.

Programmbibliothek

Sammlung von → Programmen bzw. → Unterprogrammen, die zur Lösung häufig wiederkehrender Aufgaben benötigt werden.

Programmiersprache

Programmiersprachen stellen dem Anwender eine Reihe von → Anweisungen zur Verfügung, aus denen er nach bestimmten Regeln ein → Programm zur Lösung eines speziellen Problems erstellen kann. Grundsätzlich unterscheidet man 3 Arten von Programmiersprachen: → höhere Programmiersprachen, maschinenorientierte → Assemblersprachen, → Maschinensprachen.

Programmierung

das Umsetzen eines → Algorithmus in ein → Programm.

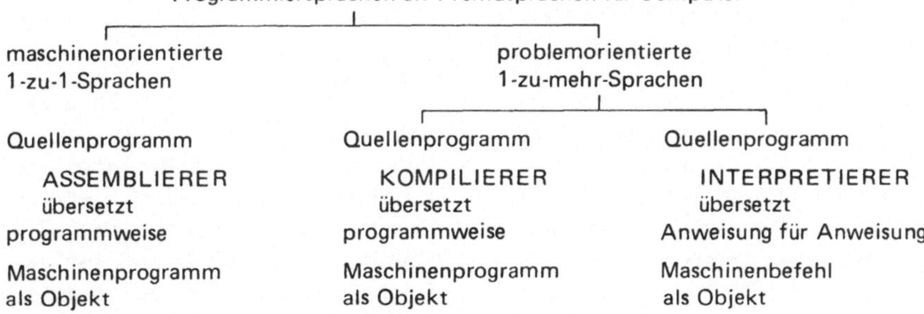

Maschinen- und problemorientierte Programmiersprachen

Programmpaket

Sammlung von Programmen, die einen umfangreicheren Aufgabenbereich abdecken.

Programmpflege

die Beseitigung von Fehlern, die während des Einsatzes eines Programms noch auftreten sowie dessen Anpassung an sich ändernde Rahmenbedingungen.

Programmschleife

→ Schleife

Programmzähler

→ Befehlszähler

PROM

steht für „programmable read only memory", d. h. programmierbarer → Festwertspeicher. PROMs können vom Anwender mit Hilfe eines speziellen Programmiergeräts einmal programmiert werden. Danach ist eine Änderung der Daten nicht mehr möglich. PROMs gehören zu den → nichtflüchtigen Speichern.

Prompt

Zeichen (bzw. Zeichenfolge) auf dem Bildschirm eines Rechners, durch das der Benutzer aufgefordert wird, Befehle oder Daten einzugeben (Bedienerführung). Im → CP/M-Betriebssystem besteht die Bedienerführung aus der Zeichenkombination A >.

Proportionalschrift

Schrift, die nicht exakt gleiche Abstände zwischen den Zeichen vorsieht, sondern bei der die Abstände von den Proportionen der Zeichen selbst abhängen.

Protokoll

Die Regeln und Vereinbarungen, nach denen Verbindungen für die Datenübertragung aufgebaut und betrieben werden, nennt man Protokolle. Grundsätzlich wird zwischen Übertragungsprotokollen (z. B. → HDLC-Protokoll) und höheren Protokollen unterschieden.

Prozessor

→ Mikroprozessor

Prozeßrechner

Rechner, die speziell für die Steuerung, Regelung und Überwachung technischer Abläufe und Prozesse konzipiert sind. Prozeßrechner arbeiten im → Echtzeitbetrieb.

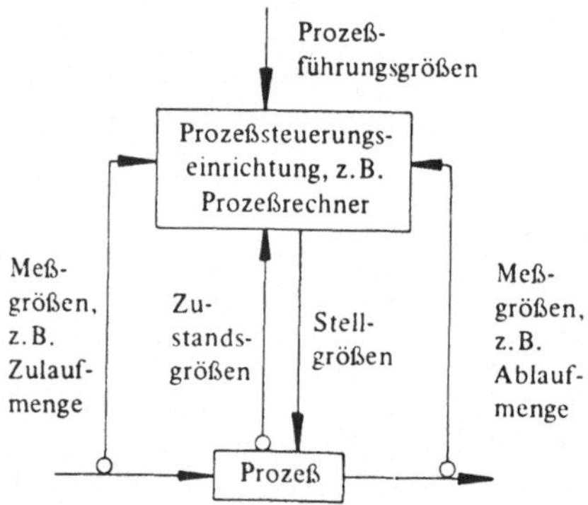

Prinzip einer Prozeßsteuerung

Prüfbit

Redundantes, zur Informationsdarstellung nicht unbedingt erforderliches Bit, mit dem die Fehlerfreiheit einer Übertragung gesichert wird.

Pseudotetrade

→ Tetrade

Puffer

→ Pufferspeicher

Pufferspeicher

Zwischenspeicher zum Anpassen der unterschiedlichen Arbeitsgeschwindigkeiten der Komponenten eines Rechnersystems, z. B. zwischen Rechner und Drucker oder Rechner und Tastatur. Damit wird erreicht, daß der schnelle Rechner nicht auf die langsameren Peripheriegeräte warten muß.

Punktmatrix

Ziffern, Buchstaben und Sonderzeichen können aus bestimmten Punkten einer Punktmatrix (z. B. 5×7-Matrix, 7×9-Matrix) aufgebaut werden. Je mehr Punkte die Matrix umfaßt, desto klarer wird die Anzeige bzw. das Schriftbild (→ Matrixanzeige, → Matrixdrucker).

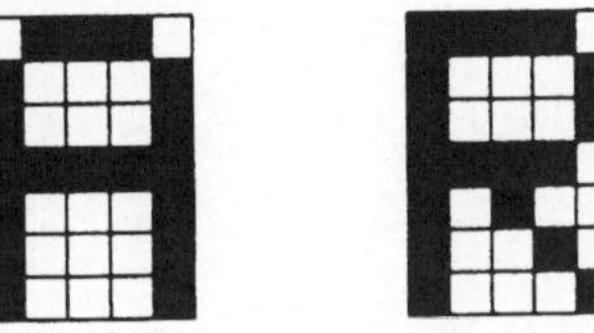

Aufbau der Zeichen A und R aus einer 5×7-Punktmatrix

Punktmatrix-Anzeige

→ Matrixanzeige

Punktmatrix-Drucker

→ Matrixdrucker

Quellenprogramm

ein in einer → Quellensprache vorliegendes Programm.

Quellensprache

höhere problemorientierte oder maschinenorientierte Programmiersprache, die zum Niederschreiben eines Programms verwendet wird, vor dem Programmlauf aber durch einen → Kompilierer oder → Interpretierer in die → Maschinensprache übersetzt werden muß.

Querparität

→ Paritätskontrolle

Querprüfung

→ Paritätskontrolle

Quicksort

→ Sortierverfahren

Quittung

Zeichen, das der Empfänger einer Nachricht als Bestätigung an den Sender gibt. Man unterscheidet zwischen positiver Quittung (fehlerfrei empfangene Nachricht) und negativer Quittung (erneute Anforderung einer fehlerhaft empfangenen Nachricht).

Quittungsbetrieb

→ Handshake-Betrieb

QWERTY-Tastatur

→ amerikanische Tastatur

QWERTZ-Tastatur

→ deutsche Tastatur

RAM

steht für ,,**r**andom **a**ccess **m**emory'' (→ Schreib-/Lese-Speicher).

Randausgleich

Satzverfahren, bei dem Zeilen gleicher Länge erzeugt werden, so daß der Satz rechts auf einer gedachten senkrechten Linie endet.

RB

steht für ,,**r**eturn to **b**ias'' (→ Rückkehr zur Grundmagnetisierung).

Real-Time-Betrieb

→ Echtzeitbetrieb

rechenintensiv

Grundsätzlich unterscheidet man zwischen rechenintensiven Anwendungen (technisch-wissenschaftlicher Bereich) und ein-/ausgabeintensiven Anwendungen (kommerzieller Bereich).

Rechenwerk

Die Funktionseinheiten eines → Mikroprozessors lassen sich in → Leitwerk und Rechenwerk einteilen. Im Rechenwerk laufen die mathematischen und logischen Operationen ab. Es besteht aus der → arithmetisch-logischen Einheit, dem → Akkumulator, den → Zustandsbits und verschiedenen Registern.

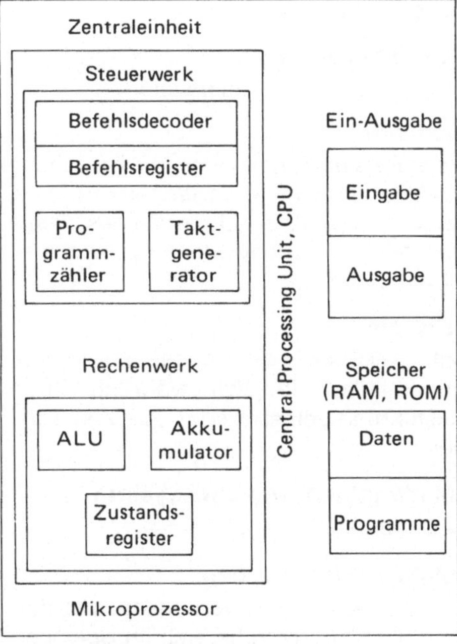

Rechenwerk und Steuerwerk sind bei einem Mikrocomputer im Mikroprozessor zusammengefaßt

Rechner

→ Computer

Record
engl. für → Datensatz

Redundanz
Im Hardwarebereich bedeutet Redundanz, daß mehr Funktionen vorhanden bzw. eingebaut sind als zum ordnungsgemäßen Betriebsablauf unbedingt erforderlich wären. Dadurch wird normalerweise die Zuverlässigkeit eines Systems erhöht.
Im Softwarebereich spricht man von Redundanz, wenn bei einer Datenübertragung mehr Bytes verwendet werden, als für die Darstellung der Nachricht mindestens benötigt würden. Diese (redundanten) Bytes werden zur Fehlererkennung und Fehlerkorrektur benutzt.

Redundanzprüfung
Prüfung übertragener Daten mit Hilfe redundanter Bits (→ Paritätsbit, → Paritätsprüfung).

Refresh-Vorgang
refresh engl. für → auffrischen

Register
Register sind Schaltungen zur Zwischenspeicherung von → Worten fester Länge (z. B. 1-Byte-Wort). Ein wichtiges Register des → Rechenwerks ist z. B. der → Akkumulator.

rekursiv
Mit „rekursiv" bezeichnet man Programmteile, die sich während ihrer Ausführung selbst wieder aufrufen können.

relationales Datenbanksystem
→ Datenbank

relative Adressierung
Bei dieser → Adressierungsart, bei der man den Programmbereich im Speicher jederzeit neu festlegen kann, erhält man die endgültige Adresse durch Addition einer → Distanzadresse zur → Basisadresse.

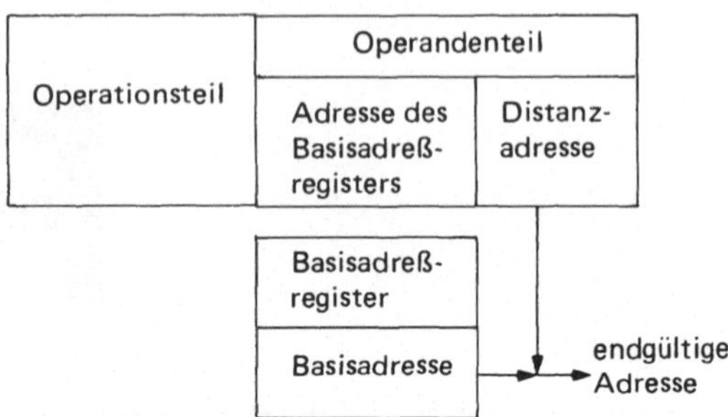

Prinzip der relativen Adressierung

Release
engl. für → Version

reset
engl. für rücksetzen, rückstellen. Durch Drücken der Reset-Taste bzw. des Reset-Knopfes werden die laufenden Aktivitäten abgebrochen und der Rechner wird in seinen Ausgangszustand zurückversetzt. Die Daten im Arbeitsspeicher sind verloren. Nur durch diesen „Gewaltakt" ist es manchmal möglich, einen undefinierten Zustand zu beenden bzw. sich aus einer Endlosschleife zu befreien.

resident
bedeutet „anwesend, verfügbar". Ein residentes Programm befindet sich im → Arbeitsspeicher, muß also nicht erst geladen werden.

Return-Taste
eine der wichtigsten Tasten der → Tastatur (oft auch Enter-Taste genannt). Durch Drücken der Return-Taste wird eine Eingabe abgeschlossen, die eingegebenen Daten werden verarbeitet, und der → Cursor wird an den Beginn der nächsten Zeile positioniert. Der Name stammt noch von der Schreibmaschine her (carriage return → Wagenrücklauf).

Richtungsschrift

Aufzeichnungsverfahren bei magnetischen Datenträgern, bei dem die beiden Binärzeichen (0 und 1) durch entgegengesetzte Magnetisierung dargestellt werden. Am Ende eines Zeichens erfolgt keine Rückkehr in einen magnetischen Grundzustand.

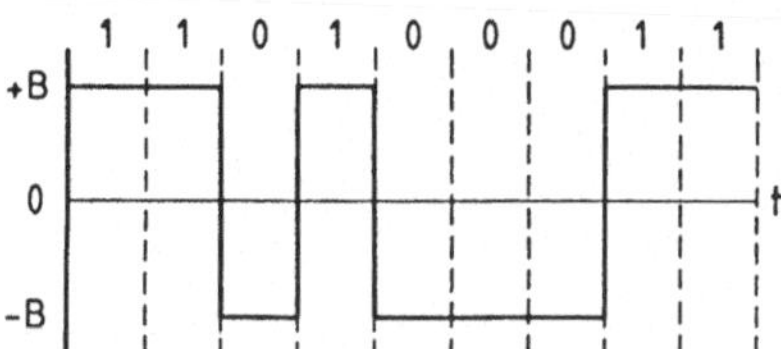

Datenaufzeichnung bei Richtungsschrift

Richtungstaktschrift

Aufzeichnungsverfahren bei magnetischen Datenträgern, bei dem die „0" durch einen Wechsel vom positiven zum negativen Magnetisierungszustand und die „1" durch einen Wechsel vom negativen zum positiven Magnetisierungszustand dargestellt werden. Werden mehrere „0" oder „1" hintereinander dargestellt, muß deshalb jeweils ein Magnetisierungswechsel vorhergehen.

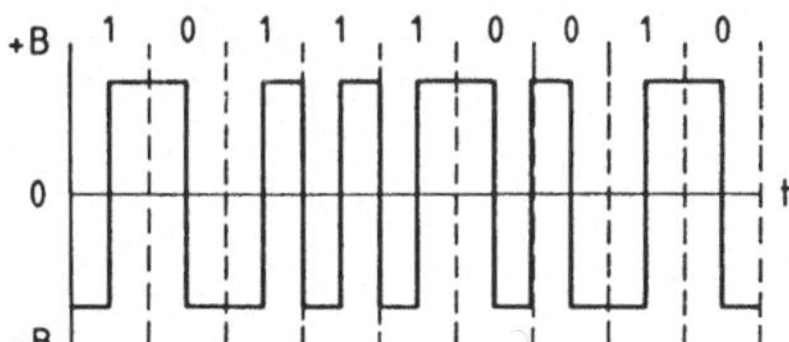

Datenaufzeichnung bei Richtungstaktschrift

Ring-Netzwerk

eine der möglichen Konfigurationen von → Computernetzen. Die → Schnittstellen der angeschlossenen Rechner sind Teil der ringförmigen Nachrichtenleitungen. Der Ausfall eines Rechners führt bei diesem System zum Versagen des gesamten Netzes.

ROM

steht für „**read only memory**" (→ Festwertspeicher).

ROM-resident

Damit bezeichnet man Software, die fest in einem ROM (→ Festwertspeicher) abgelegt ist. Bei Home-Computern sind z. B. das Betriebssystem, der BASIC-Befehlsvorrat und der BASIC-Interpretierer ROM-resident.

Routine

Unterprogramm bzw. Programmteil, das eine bestimmte, abgeschlossene Aufgabe ausführt, z. B. die Berechnung einer Quadratwurzel.

RS 232 C-Schnittstelle

serielle, bidirektionale → Schnittstelle für Übertragungsraten von 50 bis 19200 Bit/s. Die Übertragung über max. 30 m geschieht asynchron mit 1 Startbit vor und 1 oder 2 Stoppbits nach jedem Zeichen. Spannungen zwischen 3 V und 15 V werden als „0", Spannungen zwischen −3 V und −15 V werden als „1" erkannt. Die RS 232 C-Schnittstelle entspricht weitestgehend der deutschen V.24-Schnittstelle.

Rückkehr nach Null

Aufzeichnungsverfahren bei magnetischen Datenträgern, bei dem die beiden Binärzeichen (0 und 1) durch entgegengesetzte Magnetisierung dargestellt werden. Am Ende eines Zeichens erfolgt die Rückkehr in einen unmagnetischen Grundzustand.

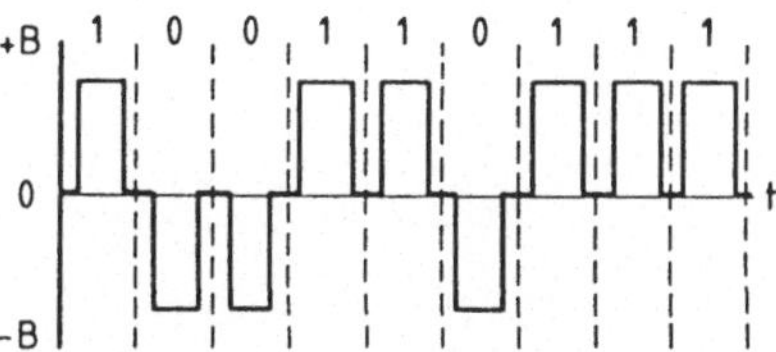

Datenaufzeichnung mit Rückkehr nach Null

Rückkehr zur Grundmagnetisierung

Aufzeichnungsverfahren bei magnetischen Datenträgern, bei dem eins der beiden Zeichen durch den magnetischen Grundzustand, das zweite Zeichen durch entgegengesetzte Magnetisierung und anschließende Rückkehr zum magnetischen Grundzustand dargestellt wird.

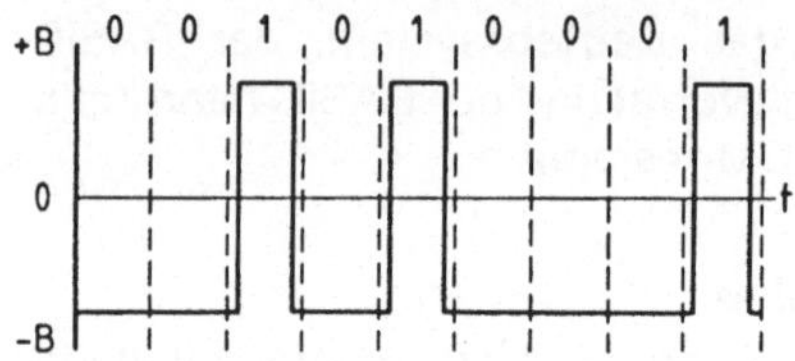

Datenaufzeichnung mit Rückkehr zur Grundmagnetisierung

RZ

steht für „**r**eturn to **z**ero" (→ Rückkehr nach Null)

S

Satz

Kurzform für → Datensatz

Satzlänge

Die Länge eines → Datensatzes kann fest oder variabel sein. Dateien mit fester Satzlänge lassen sich leichter bearbeiten als Dateien mit variabler Satzlänge, die aber den Vorzug haben, den vorhandenen Speicherplatz besser auszunutzen.

Schaltalgebra

Anwendung der Boole'schen Algebra der Logik (eine Aussage ist „wahr" oder „nicht wahr") auf Digitalschaltungen (es fließt „Strom" oder „kein Strom"). Die Grundfunktionen der Schaltalgebra sind die → UND-Funktion, die → ODER-Funktion und die → NICHT-Funktion, aus denen sich alle anderen Verknüpfungen realisieren lassen. Dem Schaltungsentwickler steht dafür eine Anzahl von Standard-Digitalschaltungen in verschiedenen Technologien zur Verfügung.

Schildkröte

wichtiges Element der Programmiersprache → LOGO, das in deutschen LOGO-Versionen auch „Igel" heißt. Es handelt sich dabei um ein kleines Dreieck auf dem Bildschirm, das über die Befehle „rechts", „links", „vorwärts" und „rückwärts" so gesteuert wird, daß sich beliebige Grafiken erzeugen lassen.

Schildkrötengrafik

Grafik, die mit Hilfe der → Schildkröte erzeugt wird.

Schleife

Befehlsfolge, die mehrmals hintereinander ausgeführt wird. Die Anzahl der Schleifendurchläufe ist entweder fest vorgegeben (überwacht durch den sog. Schleifenzähler) oder wird durch das Eintreten eines bestimmten Ereignisses begrenzt.

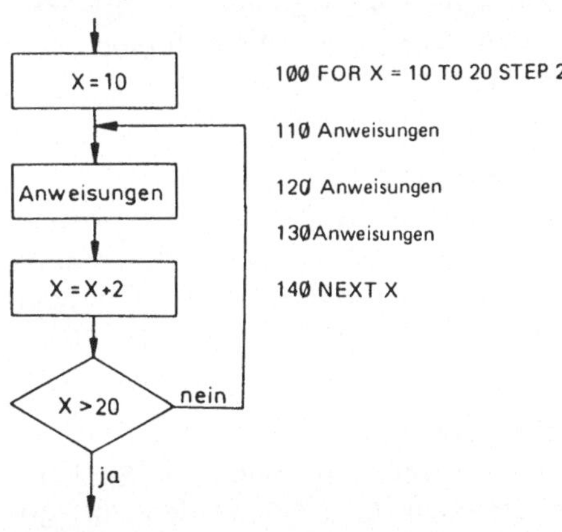

Beispiel für eine Schleife in der Programmiersprache BASIC

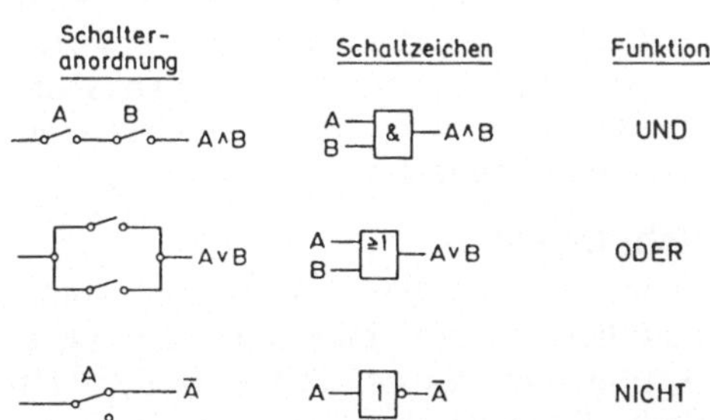

Die Grundverknüpfungen der Schaltalgebra

Schlüsselwort

Suchbegriff zum Selektieren von Informationen aus → Datenbanken. Ein Schlüsselwort kann z. B. „PLZ 8000" sein, d. h. es werden alle in der Datenbank erfaßten Personen mit der Postleitzahl von München ausgelesen. Der Anwender kann meist mehrere Suchbegriffe miteinander kombinieren, z. B. „PLZ 8000" und „männlich".

Schnittstelle

Verbindungsstelle(n) zwischen zwei oder mehreren Bauelementen, Subsystemen oder Geräten (z. B. zwischen Rechner und Peripheriegeräten), über die die Übertragung von Daten und Steuersignalen erfolgt. Im Home- und Personal Computer-Bereich gibt es eine Reihe genormter bzw. quasi-genormter Schnittstellen. Viele Rechner enthalten mehrere davon. Bei den → seriellen Schnittstellen sind dies die → V. 24-, → RS 232 C- und → 20-mA-Stromschleifen-Schnittstelle. Bei den → parallelen Schnittstellen sind die → IEC-Bus- und die → Centronics-Schnittstelle weitverbreitet. Sind zwei Schnittstellen nicht kompatibel, lassen sie sich meistens über sog. Schnittstellen-Adapter anpassen.

Schönschreibdrucker

Gegenüber → Matrixdruckern werden Vollzeichen erzeugende → Typenraddrucker auch als Schönschreibdrucker bezeichnet.

Schreibdichte

Maß für die Anzahl der Bits, die je Zentimeter bzw. Zoll auf der → Spur eines Magnetband- oder Magnetplatten-Speichers aufgezeichnet werden können.

schreiben

Daten werden in einen → Speicher geschrieben, d. h. sie werden dort gespeichert.

Schreib-/Lesekopf

Bauelement zum Umwandeln von elektrischen Signalen in magnetische Felder und umgekehrt. Schreib-/Leseköpfe dienen zum Schreiben von Daten auf Magnetband- bzw. Magnetplatten-Speicher sowie zum Lesen von Daten von diesen Speichern.

Schreib-/Lesespeicher

Speicher, der im Gegensatz zum → Festwertspeicher Daten sowohl aufnehmen als auch wiedergeben kann. Schreib-/Lesespeicher gibt es mit → sequentiellem Zugriff (→ Magnetbandkassette) und mit → wahlfreiem Zugriff. Magnetische Speicher mit wahlfreiem Zugriff sind → Magnetplatten. Halbleiterspeicher mit wahlfreiem Zugriff (RAM) gibt es für dynamischen und statischen Betrieb. Während als → Massenspeicher Magnetplatten (bei Personal Computern) und Magnetbandkassetten (bei Home-Computern) zum Einsatz kommen, werden → Arbeitsspeicher aus dynamischen RAMs aufgebaut. 64 K-RAMs sind Stand der Technik, 256 K-RAMs werden erst in kleinen Stückzahlen produziert.

Grafische Darstellungen siehe Seite 77

Schreibmarke

→ Cursor

Schreibschutz

→ Kassetten und → Disketten sehen einen Schreibschutz gegen unbeabsichtigtes Löschen bzw. Überschreiben der gespeicherten Daten vor. Musikkassetten haben eine Kunststoffnase, die zum Schutz der Daten herausgebrochen werden muß. Disketten enthalten eine Schreibschutzkerbe. Bei 5^1/4-Zoll-Disketten muß diese zum Datenschutz überklebt werden, bei 8-Zoll-Disketten muß sie offenliegen.

Schrittmotor

Motor, dessen Welle sich nicht kontinuierlich sondern jeweils um eine feste Anzahl von Winkelgraden (z. B. 7,5°) dreht. Dafür ist allerdings eine spezielle

Typ	Umfang (Bits)	Art	Zugriffszeit (ns)	Leistungsbedarf (mW)	Anschlüsse
INTEL 8101	256 × 4	statisch	1300		22
INTEL 8101-2	256 × 4	”	850	350	22
INTEL 2101A-2		”	250		
INTEL 2114	1 k × 4	”	450	525	18
INTEL 2114-3	1 k × 4	”	300	525	18
INTEL 2114-2	1 k × 4	”	200	525	18
INTEL 2114L	1 k × 4	”	450	370	18
INTEL 2114L2	1 k × 4	”	200	370	18
HITACHI HM6116P-4	2 k × 8	”	200	180	24
TMS 4060-3	4 k × 1	dynamisch	150 (1)	420 (aktiv) 0,2 (passiv)	22
TMS 4050-3	4 k × 1	”	150 (1)	420 (aktiv) 0,1 (passiv)	18
NEC µDP416-5	16 k × 1	”	120 (2)	420 (aktiv) 18 (passiv)	16
HM 4864-2	64 k × 1	”	150 (3)	330 (aktiv) 20 (passiv)	16

Typische Daten einiger Halbleiter Schreib-/Lesespeicher (RAM)

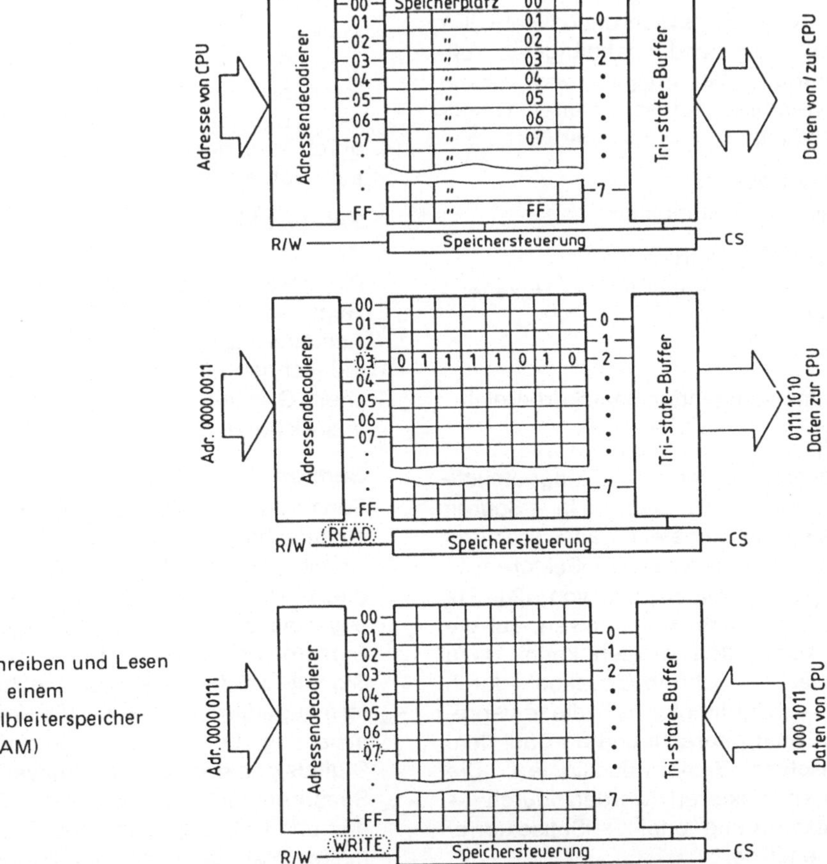

Schreiben und Lesen bei einem Halbleiterspeicher (RAM)

Steuerschaltung erforderlich. Schrittmotoren setzen also elektrische Impulse in Drehbewegung mit definiertem Drehwinkel um. Sie eignen sich daher für schnelle, exakte Positionierungen, wie z. B. die Bewegung von → Schreib-/Leseköpfen in → Magnetplattenspeichern.

scrolling

das Verschieben von Informationen auf dem Bildschirm, so daß am oberen Bildschirmrand Zeilen verschwinden während unten neue Zeilen erscheinen. Bei einzeiligen Anzeigen bedeutet „scrolling" sinngemäß, daß links Zeichen verschwinden während rechts neue Zeichen angefügt werden.

SD

steht für „single density" (→ einfache Schreibdichte)

SDLC-Protokoll

SDLC steht für „synchronous data link control", ein codeunabhängiges bitorientiertes Steuerungs- und Sicherungsverfahren zur synchronen Datenübertragung im → Duplexbetrieb.

Second Source

engl. für → Zweitanbieter

Sedezimalsystem

andere Bezeichnung für → Hexadezimalsystem

Seite

zusammenhängender Speicherbereich

Sektor

Die Oberfläche einer → Magnetplatte wird bei der → Formatierung in → Spuren und Sektoren eingeteilt. Jede Spur enthält mehrere (10 oder 16) Sektoren, in denen sich → Datensätze von 128–512 Byte Länge aufzeichnen lassen, auf die direkt zugegriffen werden kann. Dazu wird der → Schreib-/Lesekopf durch einen → Schrittmotor auf die entsprechende Spur gebracht und dort auf dem gewünschten Sektor positioniert. Die einzelnen Sektoren werden durch → Hardsektorierung oder → Softsektorierung identifiziert.

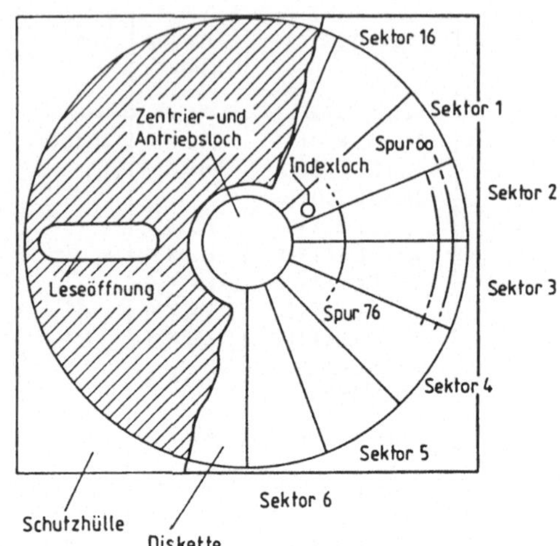

Die Aufteilung einer softsektorierten Minidiskette in Spuren und Sektoren

Selbstdiagnose

Funktion zum selbständigen Testen eines Programms oder Rechners. Viele Rechner und Peripheriegeräte führen beim Einschalten eine Selbstdiagnose durch und geben – falls erforderlich – eine Fehlermeldung aus.

Semigrafik

Bei der Semigrafik können lediglich Punktgruppen dargestellt werden im Gegensatz zur Vollgrafik, bei der die Ansteuerung jedes einzelnen Punktes möglich ist. Für die Aufzeichnung einfacher Grafiken ist die Semigrafik oft ausreichend.

Sensor

Sensoren sind Bauelemente, die nichtelektrische Größen (z. B. Temperatur, Druck, Drehzahl, Feuchte) erfassen und diese unter Ausnutzung verschiedener physikalischer Effekte in elektrische Signale umwandeln. Diese analogen Signale werden → Analog-Digital-Wandlern zugeführt, die die für die Weiterverarbeitung in Rechnern erforderlichen Digitalsignale erzeugen. Weitverbreitete Sensoren sind z. B. Fotozellen, Fotodioden und Hall-Elemente. Viele Tastaturen nutzen Hall-Elemente, um Tastenbetäti-

gungen anzuzeigen. Sensoren sind überall da von Bedeutung, wo Rechner für
Aufgaben der Meß-, Steuer- und Regeltechnik eingesetzt werden.

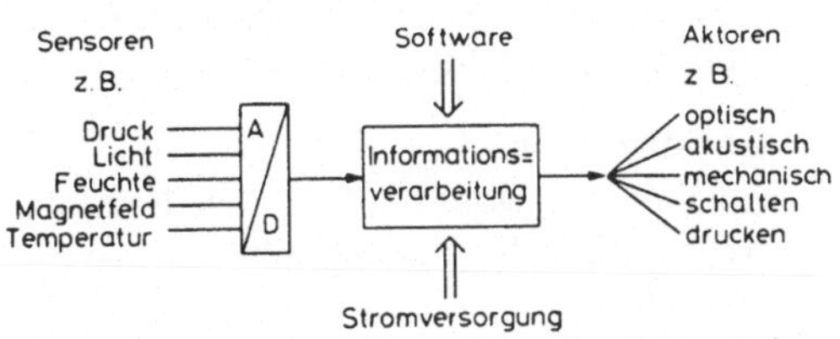

Sensoren wandeln nichtelektrische Größen in
elektrische Signale um

sequentiell
aufeinanderfolgend, hintereinander

sequentielle Logikschaltung
→ Logikschaltung, bei der der aktuelle
Zustand der Ausgangsvariablen nicht
allein vom jeweiligen Zustand der Eingangsvariablen, sondern auch vom vor-
herigen Zustand sog. interner Variablen
abhängt.

sequentieller Zugriff
Beim sequentiellen (seriellen) Zugriff
können die gespeicherten Daten nur
nacheinander (wie bei einer → Magnetbandkassette) gelesen werden. Die →
Zugriffszeit hängt also sehr stark davon
ab, an welcher Stelle des Bandes sich die
gewünschten Daten befinden.

seriell
aufeinanderfolgend, hintereinander

serieller Zugriff
→ sequentieller Zugriff

serielle Schnittstelle
→ Schnittstelle, bei der die Bits eines
Zeichens nacheinander über eine Leitung übertragen werden. Weitverbreitete
serielle Schnittstellen sind die → V. 24-,
→ RS 232 C- und → 20-mA-Stromschlei-
fen-Schnittstelle.

SI
steht für „shift in". Steuerzeichen des →
ASCII-Codes.

Sicherungskopie
zum Zweck des Datenschutzes erstellte
Kopie des Inhalts von Arbeits- oder
Massenspeichern, um die gespeicherten
Daten vor Beschädigung oder Verlust zu
bewahren.

Silicon Valley
Südöstlich von San Francisco, in der
Nähe von San Jose, haben sich viele
bekannte Halbleiter- und Computer-Her-
steller in enger Nachbarschaft niederge-
lassen. Diese Gegend wird deshalb
„Siliziumtal" genannt.

Silizium
wichtigstes Ausgangsmaterial für die
Herstellung von Einzel-Halbleitern und
integrierten Schaltungen.

Simons BASIC
Erweiterung des Sprachumfangs des
Commodore 64-BASIC um über 100 zu-
sätzliche Anweisungen.

simplex
bezeichnet ein Übertragungsverfahren,
bei dem Daten nur in eine Richtung
gesendet werden können.

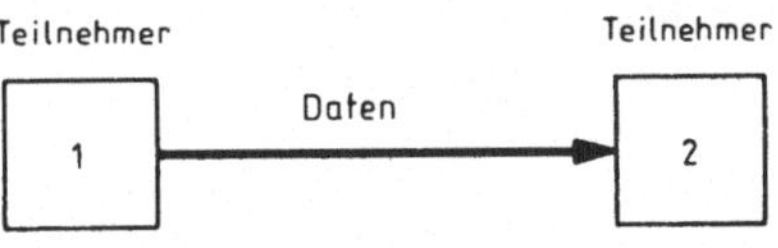

Simplex-Übertragung

Simulation
Unter Simulation versteht man die Nachbildung mathematischer, physikalischer,
chemischer, wirtschaftlicher, ökologi-
scher oder sonstiger Vorgänge auf
Rechnern. Die Simulation ermöglicht
eine Analyse experimentell nicht oder
nur schwer darstellbarer Ereignisse.

Slimline-Laufwerk
Disketten- bzw. Magnetplatten-Lauf-
werk, dessen Einbauhöhe gegenüber
normalen Ausführungen auf die Hälfte
reduziert ist.

SO

steht für „**shift out**". Steuerzeichen des →
ASCII-Codes

Softkey

Taste (engl. key), deren Funktion vom
Anwender durch Software beliebig festgelegt werden kann. Häufig wiederkeh-
rende Abläufe lassen sich so durch einen
einzelnen Tastendruck ausführen. Soft-
keys können mit mehreren Funktionen
belegt werden.

Softsektorierung

Methode zur Kennzeichnung der einzelnen → Sektoren einer → Diskette durch
softwaremäßige Maßnahmen, die allerdings gegenüber der → Hardsektorierung mehr Speicherraum benötigen.
Allein der Sektor „0" wird durch ein →
Indexloch markiert.

Software

Unter Software versteht man die zum
Betrieb eines Rechners erforderlichen
Programme. Grundsätzlich unterscheidet man → Anwenderprograme, die ein
spezielles Problem des Anwenders lösen und → Systemprogramme, die der
Organisation und Verwaltung des Rechners dienen.

```
                    Software
         ┌─────────────┴─────────────┐
     Daten:                       Programme:
   Objekte der                 geordnete Folge von
 Datenverarbeitung               Anweisungen
(was wird verarbeitet?)      (wie ist zu verarbeiten?)
```

Die Software als „weiche Ware" kann man nicht
anfassen

Software-Entwicklung

die Entwicklung von Software mit Hilfe
bestimmter Verfahren

Softwarehaus

Firma, die Anwender- und System-Soft-
ware entwickelt bzw. nach den Wün-
schen der Anwender modifiziert

softwarekompatibel

Softwarekompatibilität zwischen Rechnern setzt voraus, daß sie Mikroprozessoren mit gleichem → Befehlsvorrat
verwenden.

Softwarepaket

eine Sammlung von Programmen, die
ein spezielles Problem lösen, z. B. die
Auftragsabwicklung übernehmen

Sonderzeichen

Zeichen, die weder Ziffern noch Buchstaben sind, z. B. Dollarzeichen, Ausrufe-
zeichen.

sortieren

das Ordnen von Daten bzw. Datenworten
oder Datensätzen nach bestimmten Gesichtspunkten

Sourceprogramm

→ Quellenprogramm

Space

engl. für → Leerzeichen

Speicher

auf der Basis von Halbleiter- oder magnetischen Vorgängen arbeitende Bauelemente, Baugruppen und elektromechanische Einheiten zur Aufnahme und
Wiedergabe von Daten und Programmen. Im Home- und Personal Computer-
Bereich unterscheidet man grundsätzlich zwischen dem → flüchtigen → internen → Arbeitsspeicher (→ Schreib-/Le-
sespeicher, RAM) und dem → nichtflüchtigen → externen → Massenspeicher (→
Magnetbandkassette, → Magnetplatte).

Bild siehe Seite 81

Speicherauffrischung

→ auffrischen

Speicherauszug

→ Dump

Speichererweiterung

→ Leiterplatte mit Speicherbausteinen
(z. B. → Schreib-/Lesespeichern, RAM),
die es ermöglicht, die Kapazität eines →
Arbeitsspeichers steigenden Anforderungen anzupassen. Die Leiterplatte
wird in einen dafür vorgesehenen →

Speichererweiterung mit
64-K-Bit dynamischen
RAMs
Foto: Texas Instruments

Steckplatz des Rechners eingeschoben. Nicht nur Rechnerhersteller, sondern auch viele unabhängige Firmen liefern Speichererweiterungen.

Speicherkapazität

Maß für die Größe von Speichern in (Kilo)Bits oder (Kilo)Bytes.

Speicherzelle

kleinste Einheit eines → Speichers, die gerade 1 Bit aufnehmen kann.

Spielkonsole

Geräte, die allein der Wiedergabe von Computerspielen dienen, aber nicht für allgemeine Computeranwendungen brauchbar sind.

Spreadsheet

engl. für Rechenblatt (→ Kalkulationsprogramm)

Sprite

selbstdefiniertes Grafikelement zur Darstellung von Spielobjekten. Sprites können mit einem einzigen Befehl gesetzt oder gelöscht werden.

Sprung

Ein Sprung liegt dann vor, wenn ein Programm nicht mit dem nächstfolgen-

den, sondern mit einem anderen Befehl an anderer Stelle fortgeführt wird. Man unterscheidet → bedingte und → unbedingte Sprünge, die durch → Sprungbefehle realisiert werden.

Sprungbefehl

Befehl zur Ausführung eines → Sprunges.

Spur

Daten werden auf → Magnetplatten in konzentrischen Kreisen abgespeichert, die man Spuren nennt. Diese sind ihrerseits wieder in → Sektoren unterteilt.

Spurdichte

Maßeinheit für die Anzahl der → Spuren, die je Zoll Speichermedium (Diskette, Magnetplatte) nebeneinanderliegen. Gebräuchliche Spurdichten sind 48 bzw. 96 Spuren/Zoll.

SS

steht für „single sided" (einseitige Speicherung bei Disketten).

Stack

→ Stapelspeicher

Stammdaten
Daten, die über längere Zeit hinweg konstant bleiben, z. B. Personaldaten.

Standard-Floppy
→ Diskette mit einem Durchmesser von 8 Zoll

Standard-Software
Programme, die der Lösung allgemeiner branchenneutraler (z. B. Textverarbeitung) oder branchenspezifischer (z. B. Arztabrechnung) Probleme dienen und von mehreren Anwendern eingesetzt werden können. Im Gegensatz dazu steht die Individual-Software, die speziell auf die Belange eines Anwenders zugeschnitten ist.

Standleitung
Eine Standleitung steht den Teilnehmern ständig zur Verfügung. Sie muß nicht erst durch einen Wählvorgang aufgebaut und durchgeschaltet werden.

Stapelbetrieb
eine der möglichen → Betriebsarten eines Rechners, bei der das gesamte Programm und alle zu verarbeitenden Daten im Rechner vorhanden sein müssen, bevor mit der Verarbeitung begonnen wird.

Stapelspeicher
Nach dem „last in-first out"-Prinzip (LIFO-Prinzip) arbeitender Speicher.

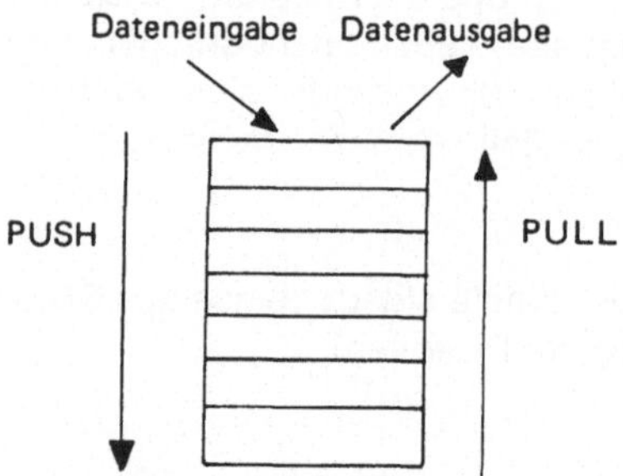

Prinzip des Stapelspeichers

Stapelzeiger
Adresse desjenigen Speicherplatzes in einem → Stapelspeicher, auf den der nächste Zugriff erfolgen soll.

Startbit
Bei der asynchronen seriellen Datenübertragung wird jedes Zeichen durch ein Startbit eröffnet, das dem Empfänger mitteilt, daß die Übertragung eines Zeichens beginnt.

Statement
→ Anweisung

statischer Schreib-/Lesespeicher
→ Schreib-/Lesespeicher, die zum Speichern der Daten sog. Flipflops (Schaltungen, die sich immer in dem einen oder anderen von zwei möglichen Zuständen befinden) einsetzen. Statische Schreib-/Lesespeicher benötigen im Gegensatz zu → dynamischen Schreib-/Lesespeichern keine periodisches → Auffrischen.

Steckmodul
Viele Computerspiele werden als Steckmodul angeboten, der in einen eigens dafür vorgesehenen Schacht am Rechner eingeschoben werden muß.

Steckplatz
Viele Rechner haben freie Steckplätze, die z. B. für → Speichererweiterungen vorgesehen sind. Freie Steckplätze erlauben es, einen Rechner nach individuellen Gesichtspunkten auszubauen.

Stern-Netzwerk
eine der möglichen Konfigurationen von → Computernetzen. Dabei kommunizieren die angeschlossenen Rechner über einen zentralen Rechner miteinander, der also die Leistungsfähigkeit und Funktionssicherheit des Netzwerks bestimmt.

Grafische Darstellung siehe Seite 83

Steuerbus
→ Bus zur Übertragung von Hilfs- und Steuerinformationen. Über den Steuerbus wird z. B. einem Speicher mitgeteilt, ob er Daten ausgeben oder aufnehmen soll.

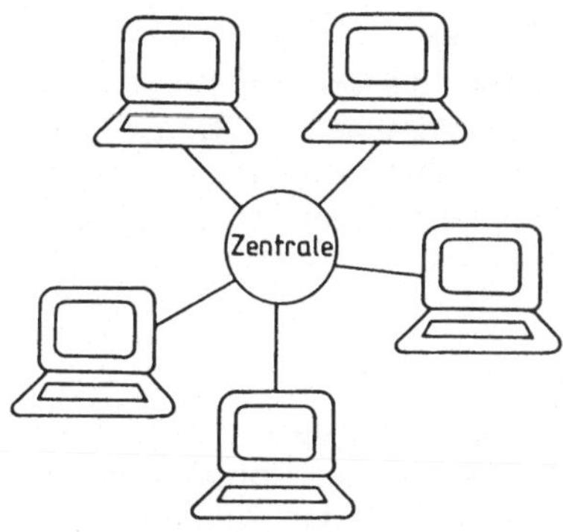

Aufbau eines Stern-Netzwerks

Steuerknüppel

weitverbreitete → Eingabeeinheit für Home-Computer, die die direkte Steuerung der Bewegung von Objekten auf dem Bildschirm ermöglicht. Der Steuerknüppel sendet an den Rechner Signale, die der Bewegungsrichtung des Steuerknüppels entsprechen. Für Computerspiele ist der Steuerknüppel fast immer unentbehrlich. Es gibt ihn in vielen verschiedenen Ausführungen. Meist ist noch ein „Schießknopf" integriert.

Steuerwerk

→ Leitwerk

Steuerzeichen

Zeichen, das nicht der eigentlichen Datenverarbeitung, sondern der Steuerung bestimmter Funktionen dient, z. B. der Steuerung des → Cursors.

Stoppbit

Bei der asynchronen seriellen Datenübertragung wird jedes Zeichen durch ein Stoppbit abgeschlossen, das dem Empfänger mitteilt, daß die Übertragung eines Zeichens beendet ist.

Strichcode

Informationsdarstellung durch eine Anordnung von parallelen Strichen unterschiedlicher Dicke. Weitverbreitet ist der EAN-Code (**E**uropäische **A**rtikel-**N**umerierung), der besonders im Handel zur Warenauszeichnung zum Einsatz kommt. Zum Auswerten des Codes gibt es spezielle → Strichcodeleser.

Strichcode

Strichcodeleser

Dabei handelt es sich entweder um festeingebaute Einrichtungen, an denen das strichcodierte Objekt vorbeigeführt wird, oder um bewegliche Handleser, z. B. → Lichtstifte.

String

→ Zeichenkette

Stringvariable

→ Zeichenkette

Struktogramm

Ein Struktogramm (Nassi-Shneiderman-Diagramm) dient dazu, vor dem Programmieren den logischen Ablauf der Problemlösung darzustellen.

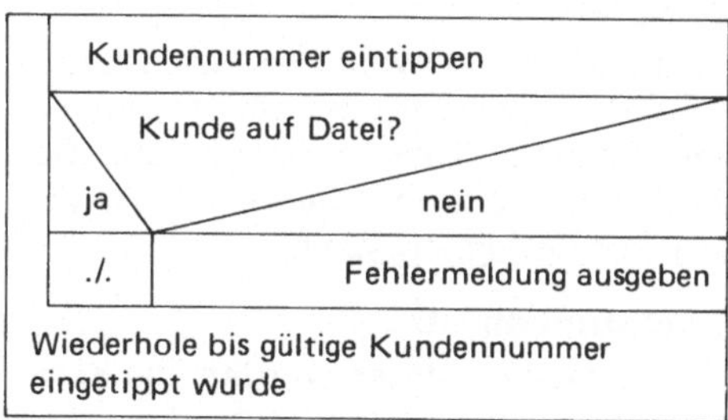

Aufbau eines Struktogramms

strukturierte Programmierung

Programmierverfahren, das unter Einsatz der → Top-down-Programmierung einen möglichst übersichtlichen modularen Programmaufbau anstrebt. Strukturierte Programme lassen sich sehr einfach in → PASCAL schreiben. Eins der Hauptargumente gegen das weitverbreitete → BASIC ist, daß es die strukturierte Programmierung nicht unterstützt.

STX
steht für „**start** of te**xt**". Steuerzeichen
des → ASCII-Codes.

Subroutine
→ Unterprogramm

Supercalc
→ Kalkulationsprogramm der Firma
Sorcim

Supercalc 2
verbesserte Version von → Supercalc

Supercalc 3
→ integrierte Software der Firma Sorcim,
die dem Anwender die Funktionen Kalkulation, Grafik und Datenbank zur Verfügung stellt.

symbolische Adresse
→ Adresse, die im → Primärprogramm
durch einen freiwählbaren, leicht zu
merkenden Namen definiert wird. Symbolische Adressen werden bei der Pro-
grammübersetzung in relative Adressen
(→ relative Adressierung) umgewandelt.

symbolische Adressierung
Art der Adressierung, bei der → symbolische Adressen verwendet werden.

Symphony
→ integrierte Software der Firma Lotus,
die dem Anwender die Funktionen Textverarbeitung, Tabellenkalkulation, Datenfernübertragung, Datenbank, Grafik
u. a. zur Verfügung stellt.

Synchronbetrieb
Beim Synchronbetrieb werden alle Kom-
ponenten eines Rechnersystems durch
Taktimpulse im Gleichlauf gehalten. Die
Datenübertragung erfolgt nach festge-
legten → Protokollen (→ HDLC, → SDLC).
Start- bzw. Stopp-Bits sind nicht erforder-
lich.

Syntax
die formalen Regeln, nach denen die
einzelnen Befehle eines Programms in
einer bestimmten Programmiersprache
niedergeschrieben werden müssen.

Syntax-Fehler
Verstoß gegen die formalen Regeln einer
Programmiersprache.   Syntax-Fehler
werden vom Rechner erkannt und ange-
zeigt. Der Anwender erhält eine →
Fehlermeldung.

System
Abk. für Rechnersystem, zu dem der
Rechner und seine Peripheriegeräte
gehören. Im erweiterten Sinn kann man
aber auch die erforderliche Software
dazuzählen.

Systemhaus
eine Firma, die für bestimmte Anwendungen die geeignete Hard- und Software entwickelt bzw. zusammenstellt
und dem Anwender ein komplettes
funktionsfähiges System übergibt.

Systemprogramm
Programm, das zum → Betriebssystem
eines Rechners gehört.

Systemsoftware
Gesamtheit aller → Systemprogramme
eines Rechners, meist als → Betriebssystem bezeichnet.

Systemtakt
→ Takt

Systemuhr
Uhr, die über ein Programm eingestellt
werden kann und die tatsächliche Zeit auf
dem Bildschirm eines Rechners anzeigt.

S-100-Bus
unter der Bezeichnung „IEEE 696" genormtes internes Bussystem mit 100
Leitungen, das auf den Mikroprozessor
8080 zugeschnitten ist, heute aber nur
noch geringe Bedeutung hat.

T

Tabellenkalkulation

→ Kalkulationsprogramm

Takt

Mikrocomputer arbeiten taktgesteuert. Der Takt, der von einem internen oder externen quarzstabilisierten Taktgenerator erzeugt wird, sorgt für einen zeitlich definierten Ablauf aller Vorgänge. Übliche Taktfrequenzen liegen zwischen 2,5 und 18 MHz. Je höher die Taktfrequenz ist, mit der ein Mikroprozessor betrieben wird, desto schneller arbeitet das Rechnersystem.

Talker

vom engl. talk (sprechen) abgeleitete Bezeichnung für Geräte, die bei der Datenkommunikation innerhalb eines Netzwerks Daten senden können. Zu einem bestimmten Zeitpunkt kann immer nur ein Gerät Talker sein, während mehrere Geräte → Listener sein können. Eine Tastatur ist z. B. immer nur Talker, während Externspeicher abwechselnd als Talker oder Listener arbeiten können.

Taschencomputer

BASIC-programmierbare Rechner im etwa doppelten Taschenrechnerformat. Taschencomputer besitzen eine einzeilige → Flüssigkristallanzeige und Permanentspeicher, so daß eingegebene Daten auch beim Abschalten erhalten bleiben.

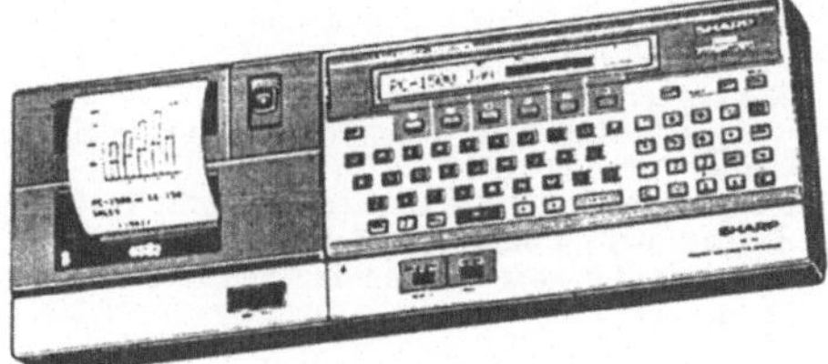

Taschencomputer Sharp PC-1500

Taschenrechner

Taschenrechner gibt es von einfachen 5-Funktionen-Rechnern (4 Grundrechenarten, Prozent- oder Quadratwurzel-Automatik) über technisch-wissenschaft-

Taschenrechner HP-41

liche Geräte (4 Grundrechenarten, Logarithmus-, Exponential- und trigonometrische Funktionen) bis hin zu programmierbaren Modellen. Als Anzeige dient überwiegend eine einzeilige → Flüssigkristallanzeige. Die Energieversorgung erfolgt über Batterien oder Solarzellen. Programmierbare Taschenrechner, die die → höhere Programmiersprache BASIC verstehen, werden als → Taschencomputer bezeichnet.

Tastatur

Tastaturen sind die wichtigste → Eingabeeinheit für Programme und Daten in Home- und Personal Computer. Wichtig für den Anwender ist, ob es sich um eine → deutsche (Umlaute und „ß" vorhanden) oder → amerikanische Tastatur handelt und wie die Tastatur nach ergonomischen Gesichtspunkten gestaltet ist (Folientastatur, Gummitastatur, Schreibmaschinentastatur, Größe der Tasten, Neigung des Tastenfeldes, separater Ziffernblock, freiprogrammierbare Tasten etc.). Während bei Home-Computern die Tastatur mit dem Rechner eine Einheit bildet, hat es sich bei Personal Computern durchgesetzt, die Tastatur frei beweglich über ein Kabel an den Rechner anzuschließen. Auch eine drahtlose Datenübertragung durch Infrarotstrahlen wurde bereits realisiert.

Schreibmaschinen-Tastatur
Die kennen wir alle. Hier sieht man nicht vorweg, was geschrieben wird; demzufolge kann korrigiert werden, wenn ausgedruckt ist. Zu den Tasten, die ein bestimmtes Zeichen ansprechen, gibt es Tasten, die bestimmte Funktionen auslösen, wie Rücktaste, Tabulator oder Umschaltung auf Großschreibung.

Textverarbeitungs-Tastatur
Textverarbeitungssysteme haben – im Unterschied zu Schreibmaschinen – einen Bildschirm, der es ermöglicht, den Text zu bearbeiten, bevor er ausgedruckt wird. Diese Systeme verfügen über interne Festprogramme, die durch Funktionstasten auf der Tastatur angesprochen werden. Sie verwenden keine weitere externe Software und können auch keine anderen Aufgaben außer Textverarbeitung lösen.

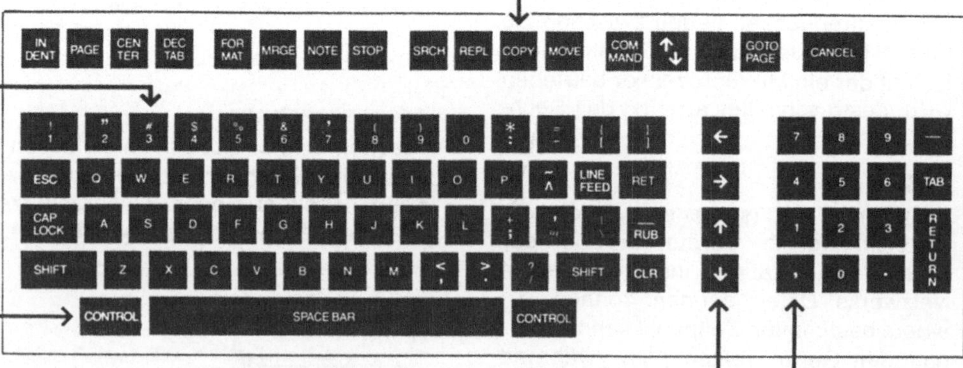

Mikrocomputer-Tastatur
Auch bei diesen Systemen wird ein Bildschirm benutzt, der es ermöglicht, den Text vorher zu sehen und zu verändern. Die Tastaturen haben manchmal Funktionstasten wie oben beschrieben, aber sie arbeiten nicht immer im Verbund mit der Software. Weil diese Tastaturen für den Einsatz mit einer ganzen Palette von Softwareprogrammen entwickelt wurden, werden bestimmte Funktionen im allgemeinen aufgerufen, indem man Steuerzeichen und die zusätzlichen Tasten gemeinsam betätigt.

Cursor-Steuertasten
Diese Tasten positionieren den Cursor auf dem Bildschirm; er zeigt an, wo das nächste Zeichen, das Sie eingeben, stehen wird. Möglicherweise arbeitet die Cursortaste nicht mit der von Ihnen eingesetzten Software zusammen.

Zifferntasten
Bei länger dauernder Eingabe einer größeren Zahlenmenge ermöglichen separate numerische Tasten (Zehnerblock) eine erheblich schnellere Eingabe.

Die Tastatur, das wichtigste Eingabemedium für Home- und Personalcomputer (hier handelt es sich um eine amerikanische Tastatur)

tatsächliche Adresse
→ absolute Adresse

Teilhaberbetrieb
eine der möglichen → Betriebsarten
eines Rechners, bei der mehrere Anwender unabhängig voneinander das System
gleichzeitig benutzen können. Jeder
Anwender kann nur mit dem gerade
laufenden Programm arbeiten.

Teilnehmerbetrieb
eine der möglichen → Betriebsarten
eines Rechners, bei der mehrere Anwender unabhängig voneinander das System
gleichzeitig benutzen können. Jeder
Anwender kann sein eigenes Programm
bearbeiten.

Teilnehmersystem
Betriebssystem zur Abwicklung des →
Teilnehmerbetriebs.

Telefax
auch „Fernkopieren" genannter Dienst
der Deutschen Bundespost zum Über-
mitteln von Briefen, Dokumenten, Zeichnungen und anderen Vorlagen im DIN-
A4-Format über das → Fernsprechnetz.
Die Übertragungsdauer für ein DIN-A4-
Blatt beträgt je nach verwendetem Gerät
zwischen 1 und 6 min.

Telematik
Begriff, der das Zusammenwachsen der
Telekommunikation (Nachrichtentech-
nik, Nachrichtenübertragung) mit der
Informatik kennzeichnet.

Telesoftware
Programme, die über → Bildschirmtext
an intelligente Endgeräte (Home- oder
Personal Computer) übertragen und dort
weiterbearbeitet werden.

Teletex
auch „Bürofernschreiben" genannter
Dienst der Deutschen Bundespost zur
Übermittlung von Texten über das →
DATEX-L-Netz. Als Endgeräte dienen
von der Post zugelassene Büroschreib-
maschinen. Die Übertragungsgeschwindigkeit beträgt 2400 Bit/s.

Teletext
andere Bezeichnung für → Videotext

Teletype
engl. für → Fernschreiber

Telexnetz
→ Fernschreibnetz

Terminal
Terminals dienen der Kommunikation
mit einem Rechner. Über sie sollen Daten
ein- und ausgegeben werden. Die Grund-
konfiguration besteht daher aus Tastatur
und Bildschirm. Ist zusätzlich ein Rechner integriert, spricht man von intelligen-
ten Terminals. Mit ihnen kann eine
Datenvorverarbeitung durchgeführt werden.

Tetrade
Gruppe von 4 Bits zur Darstellung einer
Dezimalziffer. Da sich aus 4 Bits 16
mögliche Kombinationen ergeben, sind
jeweils 6 Tetraden überflüssig; man
nennt sie Pseudotetraden. Welche der
16 Tetraden den Dezimalziffern 0–9
zugeordnet sind, hängt vom verwendeten Code ab (→ BCD-Code).

Textautomat
Textautomaten bestehen aus Schreibmaschine oder Drucker sowie einer
Speichereinheit für → Textbausteine und
die erforderliche Betriebssoftware.

Textbaustein
Texte setzen sich sowohl aus individuellen (Datum, Name, Adresse etc.) als auch
aus häufig wiederkehrenden (Sehr
geehrter Herr..., Mit freundlichen
Grüßen etc.) Formulierungen zusammen. Werden diese Formulierungen, die
immer wieder auftreten, standardisiert,
so spricht man von Textbausteinen.
Diese Bausteine können in → Textautomaten gespeichert und zum Erstellen
von Geschäftsbriefen beliebig kombi-
niert werden.

Textbearbeitung
Vorgänge des Korrigierens, Redigierens
und Formatierens von Texten mit Hilfe
von → Textsystemen.

Textsystem

Home- bzw. Personal Computer zusammen mit der erforderlichen Software, die für die Textbearbeitung und Textverarbeitung eingesetzt werden. Hardwaremäßig müssen Rechner, Disketten- bzw. Plattenspeicher und Drucker vorhanden sein. Für gute Schreibqualität ist ein → Typenraddrucker einem → Matrixdrucker vorzuziehen. Textverarbeitungsprogramme werden in reicher Auswahl angeboten. Weitverbreitet ist z. B. → Wordstar.

Textverarbeitung

Oberbegriff für die Automatisierung der verschiedensten Schreibarbeiten mit Hilfe eines → Textsystems.

Thermodrucker

→ Matrixdrucker, der die gewünschten Zeichen durch Hitzewirkung auf das Papier überträgt. Thermodrucker sind leise und schnell, benötigen aber Spezialpapier und können keine Kopien erzeugen. Thermodrucker gehören zu den → Non-Impact-Druckern.

Timesharing

→ Teilnehmersystem

Tintenstrahldrucker

→ Matrixdrucker, der die gewünschten Zeichen dadurch erzeugt, daß Tinte durch eine enge Düse tropfenweise auf das Papier gespritzt wird. Tintenstrahldrucker sind sehr leise und schnell, können aber keine Kopien erzeugen. Sie gehören zu den → Non-Impact-Druckern.

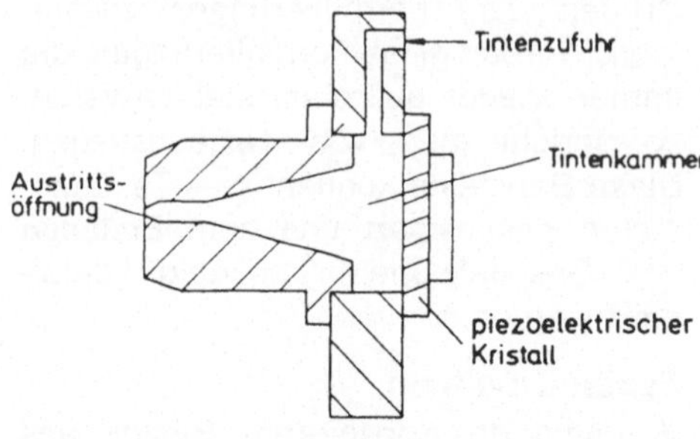

Spritzmechanismus eines Tintenstrahldruckers

Tiny BASIC

einfache, auf das Notwendigste beschränkte Version der → höheren Programmiersprache → BASIC, die z. B. nur Operationen mit ganzen Zahlen zuläßt.

Top-down-Programmierung

Programmierverfahren, bei dem man vom Gesamtproblem ausgeht. Das Gesamtproblem wird in Teilprobleme zerlegt, die dann programmiert werden.

Tortendiagramm

Art der Darstellung von Grafiken auf dem Bildschirm bzw. beim Drucken oder Plotten. Die „Torte" wird z. B. im Verhältnis der darzustellenden Prozentverteilungen in unterschiedlich große Stücke aufgeteilt.

Touchscreen

→ berührungsempfindlicher Bildschirm

tpi

steht für „tracks per Inch" und gibt die Anzahl der → Spuren an, die je Zoll Speichermedium (Diskette, Magnetplatte) nebeneinanderliegen.

track

engl. für → Spur

Traktorführung

Vorrichtung bei Druckern zum Zuführen von Endlospapier. Das Papier besitzt seitliche Randlochungen, in die die Stachelräder des Traktors eingreifen.

Transferbefehl

Der → Befehlsvorrat eines Mikroprozessors enthält verschiedene Arten von → Befehlen. Transfer-Befehle bewirken, daß Inhalte von Registern oder Speicherplätzen in andere Register oder Speicherplätze übertragen (transferiert) werden.

transient

bedeutet „vorübergehend, flüchtig"

Transportbefehl

→ Transferbefehl

Treiber
1. Elektronische Schaltung zur Lei-
stungsverstärkung
2. Software zur Ansteuerung von Peripheriegeräten

TTX
Abkürzung für → **Teletex**

TTY
Abkürzung für engl. „**teletype**" (→ Fernschreiber)

TTY-Schnittstelle
→ 20-mA-Stromschleifen-Schnittstelle

TURBO Pascal
Pascal-Entwicklungssystem (Bildschir-
meditor/Kompilierer) der amerikanischen Firma Borland. Die aktuelle Version ist TURBO Pascal 2.0. Es handelt
sich um ein System, das den Einstieg in
die strukturierte Programmierung sehr
erleichtert und durch die Kombination
Bildschirmeditor/Kompilierer die Fehlerbeseitigung optimal unterstützt.

Turtle-Grafik
→ Schildkröten-Grafik

Typenrad
Kunststoff- oder Metall-Rad, an dessem
Umfang Speichen angeordnet sind, die
an ihrem äußeren Ende die einzelnen
Drucktypen tragen (→ Typenraddrucker).

Typenraddrucker
Vollzeichendrucker, der die gewünschten Zeichen dadurch erzeugt, daß ein →
Typenrad durch einen Motor bis zum
darzustellenden Zeichen gedreht wird.
Die ausgewählte Type wird dann durch
einen elektromagnetisch betätigten
Hammer gegen das Farbband geschla-
gen, wodurch das Zeichen auf das Papier
übertragen wird. Typenraddrucker sind
gegenüber → Matrixdruckern relativ
langsam (20−50 Zeichen/s), erzeugen
aber ein Schriftbild hoher Qualität. Sie
gehören zu den → Impact-Druckern.

U

UART

steht für „universal **a**synchronous **re**ceiver/**t**ransmitter". Integrierter Schnittstellen-Baustein zur asynchronen Datenübertragung zwischen Rechner und Peripheriegeräten. Er setzt parallele in serielle Daten um und umgekehrt.

UCSD-Pascal

Version der höheren Programmiersprache → Pascal, die an der **U**niversity of **C**alifornia at **S**an **D**iego entwickelt wurde.

Überlauf

Als Überlauf bezeichnet man das Überschreiten des vorgegebenen darstellbaren Zahlenbereichs bei arithmetischen Operationen.

Übersetzungsprogramm

Programm zum Übersetzen eines in einer → höheren Programmiersprache oder → Assemblersprache geschriebenen Programms in die → Maschinensprache des jeweiligen Rechners (→ Kompilierer, → Interpretierer). Übersetzungsprogramme gehören zu den → Dienstprogrammen des → Betriebssystems.

Übertrag

der Wert bei arithmetischen Operationen, der als Ergebnis der Operation in einer niederwertigen Stelle zur nächsthöherwertigen Stelle übertragen wird, z. B.:

```
    3   4   6   9   Operand 1
+   4   2   8   5   Operand 2
+           1   1   Übertrag
    ───────────────
    7   7   5   4   Ergebnis
```

Umwandlung

Nachfolgend wird schematisch die Umwandlung der → Dezimalzahl 596 in eine → Dual- bzw. → Hexadezimalzahl (und umgekehrt) gezeigt.

1. dezimal-dual

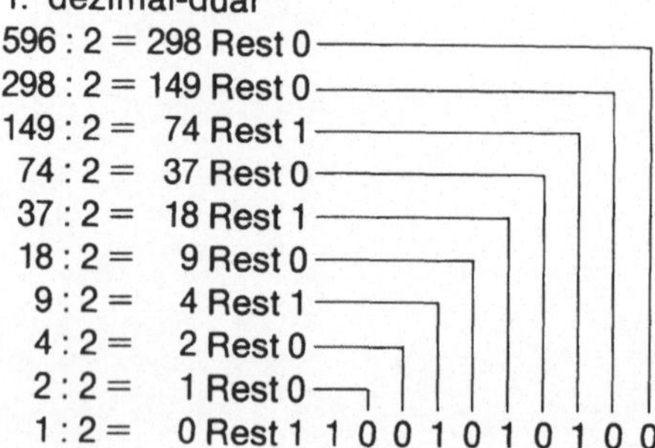

```
596 : 2 = 298 Rest 0
298 : 2 = 149 Rest 0
149 : 2 =  74 Rest 1
 74 : 2 =  37 Rest 0
 37 : 2 =  18 Rest 1
 18 : 2 =   9 Rest 0
  9 : 2 =   4 Rest 1
  4 : 2 =   2 Rest 0
  2 : 2 =   1 Rest 0
  1 : 2 =   0 Rest 1   1 0 0 1 0 1 0 1 0 0
```

2. dual-dezimal

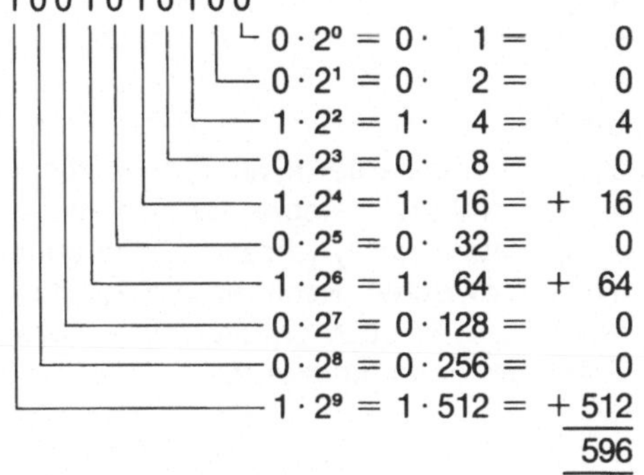

$$1\,0\,0\,1\,0\,1\,0\,1\,0\,0$$

$$0 \cdot 2^0 = 0 \cdot 1 = \qquad 0$$
$$0 \cdot 2^1 = 0 \cdot 2 = \qquad 0$$
$$1 \cdot 2^2 = 1 \cdot 4 = \qquad 4$$
$$0 \cdot 2^3 = 0 \cdot 8 = \qquad 0$$
$$1 \cdot 2^4 = 1 \cdot 16 = +\ 16$$
$$0 \cdot 2^5 = 0 \cdot 32 = \qquad 0$$
$$1 \cdot 2^6 = 1 \cdot 64 = +\ 64$$
$$0 \cdot 2^7 = 0 \cdot 128 = \qquad 0$$
$$0 \cdot 2^8 = 0 \cdot 256 = \qquad 0$$
$$1 \cdot 2^9 = 1 \cdot 512 = +\ 512$$
$$\overline{596}$$

3. dezimal-hexadezimal

$$596 : 16 = 37 \text{ Rest } 4$$
$$37 : 16 = 2 \text{ Rest } 5$$
$$2 : 16 = 0 \text{ Rest } 2$$
$$2\ 5\ 4$$

4. hexadezimal-dezimal

$$2\ 5\ 4$$

$$4 \cdot 16^0 = 4 \cdot 1 = \qquad 4$$
$$5 \cdot 16^1 = 5 \cdot 16 = +\ 80$$
$$2 \cdot 16^2 = 2 \cdot 256 = +\ 512$$
$$\overline{596}$$

unbedingter Sprung

→ Sprung zu einer anderen Stelle im Programm, der nicht von einer Bedingung abhängt, sondern in jedem Fall ausgeführt wird.

UND-Funktion

logische Verknüpfung der Eingangsvariablen A, B zur Ausgangsvariablen C nach folgendem Schema:

A	B	C
0	0	0
0	1	0
1	0	0
1	1	1

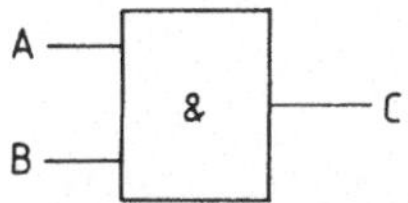

Schaltzeichen der UND-Funktion

ungerade Parität

→ Parität

unidirektional

Dieser Begriff bedeutet, daß bei einer Datenübertragung Signale nur in einer Richtung fließen können. Ein Teilnehmer kann also nur Sender oder Empfänger sein.

UNIX

16-Bit-Mehrbenutzer-Betriebssystem, das 1969 in den Bell-Laboratorien entwickelt wurde. Es ist zum größten Teil in der höheren Programmiersprache → C geschrieben und daher weitestgehend maschinenunabhängig. Der hohe Arbeitsspeicherbedarf von UNIX steht einer weiten Verbreitung im Personal Computer-Bereich noch im Wege.

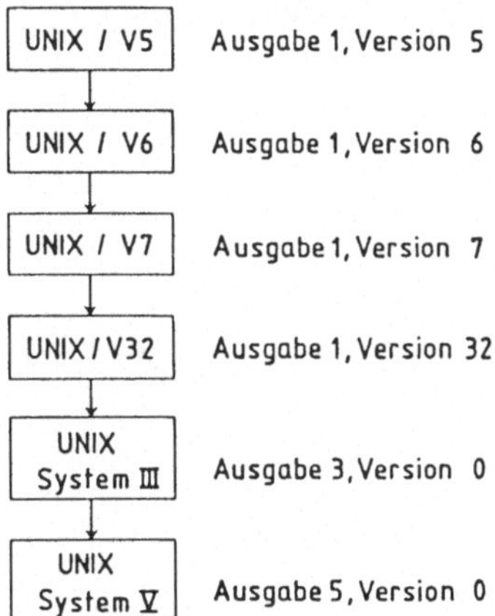

Entwicklungsgeschichte der auf den Markt gebrachten UNIX-Versionen

unmittelbare Adressierung

Bei dieser Adressierungsart enthält der → Adreßteil eines Befehls nicht die → Operandenadresse sondern den Operanden selbst.

Unterprogramm

ein wiederholt benötigtes Programm (z. B. zur Berechnung bestimmter mathematischer Funktionen), das einmal abgespeichert und bei Bedarf vom Hauptprogramm aufgerufen wird.

unverzweigtes Programm

Programm, das keine → Verzweigungen
aufweist.

Urlader

Der Urlader ist ein im → Festwertspeicher (ROM) des Rechners befindliches
Programm, das dafür sorgt, daß der
Rechner nach dem Einschalten das →
Betriebssystem von externen → Massenspeichern in seinen → Arbeitsspeicher
lädt (falls das Betriebssystem nicht fest
im ROM gespeichert ist).

USART

steht für „universal synchronous/asyn-
chronous receiver/transmitter". Integrierter Schnittstellen-Baustein zur
wahlweise synchronen oder asynchronen Datenübertragung zwischen Rechner und Peripheriegeräten. Er setzt
parallele in serielle Daten um und umgekehrt.

user

engl. für Benutzer, Anwender

USRT

steht für „universal synchronous recei-
ver/transmitter". Integrierter Schnittstellen-Baustein zur synchronen Datenübertragung zwischen Rechner und Peripheriegeräten. Er setzt parallele in serielle
Daten um und umgekehrt.

Utility

engl. für → Dienstprogramm

UV-Licht

Ultraviolettes Licht (die Wellenlänge liegt
zwischen 14 und 360 nm) wird zum
Löschen des Speicherinhalts von →
EPROMs benutzt.

V

Variable

in einem Programm eine Größe, die während des Programmlaufs veränderliche Werte annehmen kann. Dieser Größe ist ein bestimmter Speicherbereich zugeordnet.

VDU

steht für „video display unit" (→ Monitor).

Verarbeitungsschicht

oberste Schicht (Schicht 7) des 7 Schichten umfassenden → ISO/OSI-Modells für die Kommunikation zwischen datenverarbeitenden Teilnehmern. Diese Schicht bildet die Schnittstelle zum Anwender, d. h. alle für die Kommunikation notwendigen Voraussetzungen sind soweit geschaffen, daß sich Personen z. B. nur noch über das Thema der Kommunikation verständigen müssen.

Verknüpfung

die nach einem bestimmten Schema erfolgende Zuordnung der Ausgangsvariablen zu den Eingangsvariablen bei einem → Verknüpfungsglied (→ logische Verknüpfung).

Verknüpfungsglied

(Elektronische) Schaltung zur Realisierung von → Verknüpfungen (→ Logikschaltung).

Version

Software wird ständig weiterentwickelt. Die verschiedenen Entwicklungsstufen werden als „Versionen" bezeichnet.

vertikale Prüfung

→ Paritätskontrolle

Verzweigung

das Verlassen eines geradlinigen Programmablaufs, um an einer anderen Stelle im Programm fortzufahren. Man unterscheidet die unbedingte Verzweigung (das Programm fährt auf jeden Fall an einer anderen Stelle fort) und die bedingte Verzweigung (das Programm fährt an einer anderen Stelle fort, wenn eine bestimmte Bedingung erfüllt ist).

Videoausgang

derjenige Ausgang eines Rechners, an den ein Fernsehempfänger oder Monitor angeschlossen werden kann.

Videospiel

Spiele, die den bekannten → Arcade-Spielen (Automatenspielen) nachempfunden sind. Sie stehen für Spielkonsolen und Home-Computer als Steckmodul bzw. auf Kassetten oder Disketten zur Verfügung. Als Zubehör benötigt man meistens → Steuerknüppel. Die Darstellung erfolgt auf dem Bildschirm des Fernsehempfängers oder Monitors.

Videotex

internationaler Oberbegriff für die → Bildschirmtext-Dienste der einzelnen Länder.

Videotext

Verfahren zur Übertragung von Texten und Grafiken in der vertikalen → Austastlücke des Fernsehsignals und zur ihrer Darstellung auf dem Bildschirm des Fernsehempfängers, der allerdings über einen speziellen Decoder verfügen muß. Der Teilnehmer wählt die gewünschten Informationen über seine Fernbedienungstastatur aus.

Viewdata

engl. Bezeichnung für → Bildschirmtext

VISICALC

→ Kalkulationsprogramm der Firma Visicorp.

VLSI

steht für „very large scale integration" (→ Größtintegration)

VME-Bus

1981 entwickeltes → asynchron arbeitendes Bussystem mit 16 (max. 32) Daten- und 23 Adreßleitungen für den Einsatz in mikroprozessorgesteuerten Systemen.

vollduplex

andere Bezeichnung für → duplex

Vollgrafik

Bei der Vollgrafik wird das Bild aus einzelnen adressier- und ansteuerbaren Punkten aufgebaut und nicht aus Grafikzeichen wie bei der → Semigrafik.

V.24-Schnittstelle

→ serielle Schnittstelle für den Datenverkehr zwischen Datenendeinrichtung bzw. zwischen Rechner und Peripheriegeräten. Sie entspricht weitgehend der amerikanischen RS 232 C-Schnittstelle.

Stift	DIN 66020 (V. 24/ISO 2110)
1	Schutzerde
2	Sendedaten
3	Empfangsdaten
4	Sendeteil einschalten
5	Sendebereitschaft
6	Betriebsbereitschaft
7	Betriebserde
8	Empfangssignalpegel
9	—
10	—
11	Hohe Sendefrequenzlage einschalten
12	Hilfskanal
13	Hilfskanal
14	Hilfskanal
15	Sendeschrittakt von der Datenübertragungseinrichtung
16	Hilfskanal
17	Empfangsschrittakt von der Datenübertragungseinrichtung
18	—
19	Hilfskanal
20	Datenendeinrichtung betriebsbereit
21	—
22	Ankommender Ruf
23	Hohe Übertragungsgeschwindigkeit einschalten
24	Sendeschrittakt zur Datenübertragungseinrichtung
25	—

Belegung der Anschlußstifte bei der V.24-Schnittstelle

W

Wagenrücklauf

Rücklauf des Druckkopfes bzw. Rücksetzen des → Cursors an den Zeilenanfang. Dieser Vorgang kann durch Drücken einer speziellen Taste ausgelöst werden.

wahlfreier Zugriff

Auf einen bestimmten Speicherplatz kann über seine Adresse oder ein anderes Merkmal direkt zugegriffen werden. Dieses Prinzip ist bei Halbleiterspeichern (→ Schreib/Lesespeicher, → Festwertspeicher) und → Disketten- bzw. Festplattenspeichern realisiert. Im Gegensatz dazu steht der langsamere serielle Zugriff bei → Magnetbandspeichern.

Warmstart

Unter Warmstart versteht man das Rücksetzen (reset) des laufenden Rechners auf die Startadresse. Das aktuelle Programm kann neu gestartet werden. Je nach Rechnertyp bleibt der Inhalt des Arbeitsspeichers erhalten oder wird gelöscht.

Warteschlange

Fallen zu einem Zeitpunkt mehr Daten an als vom Rechner oder den Peripheriegeräten verarbeitet werden können, so bilden diese Daten eine Warteschlange. Die Daten werden zwischengespeichert und später nach einem bestimmten Verfahren (Reihenfolge des Eintreffens, Prioritätsprinzip etc.) abgearbeitet.

Wartung

Sowohl Hardware als auch Software müssen gewartet werden. Bei der Hardware geht es um die Sicherung bzw. Wiederherstellung der Funktionsfähigkeit von Rechner und Peripheriegeräten. Fehlerbeseitigung, Verbesserung der Programme und ihre Anpassung an neue Verhältnisse stehen bei der Software im Vordergrund.

Wechselplatte

starre Magnetplatte(n), die einzeln oder als Stapel aus dem Laufwerk des Wechselplattenspeichers entnommen werden können. Dafür werden leere (unbeschriebene) Platten eingesetzt, so daß die Speicherkapazität erhöht werden kann. Man kann auch rasch Datenbestände austauschen. Wechselplatten sind für Mikrocomputer bisher ohne Bedeutung. Ihr Einsatz erfolgt bei größeren Anlagen.

Wechselschrift

Verfahren zur Aufzeichnung von Daten bei magnetischen Speichern. Dabei wird eine „1" durch den Wechsel des Magnetisierungszustandes dargestellt. Bei einer „0" bleibt der jeweilige Zustand erhalten.

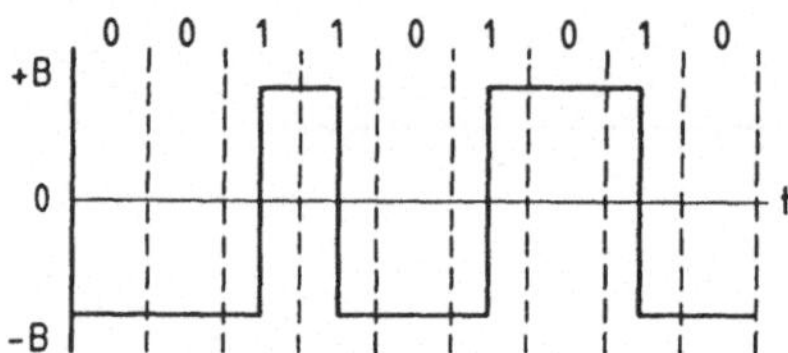

Datenaufzeichnung bei Wechselschrift

Wertigkeit

Innerhalb einer Zahl kommt den Ziffernpositionen eine bestimmte Wertigkeit zu, die von der → Basis des verwendeten → Zahlensystems abhängt. Für die allgemeine Zahl a b c d lauten die Wertigkeiten in verschiedenen Zahlensystemen wie folgt:

	a	b	c	d
Dualsystem	2^3	2^2	2^1	$2^0 = 1$
Oktalsystem	8^3	8^2	8^1	$8^0 = 1$
Dezimalsystem	10^3	10^2	10^1	$10^0 = 1$
Hexadezimalsystem	16^3	16^2	16^1	$16^0 = 1$

Winchesterplatte

starre Magnetplatte (n) mit 5 ¼- oder 8-Zoll Durchmesser, die zusammen mit dem Antrieb und den Magnetköpfen staubdicht in ein Gehäuse fest eingebaut sind. Wesentlich dabei ist auch, daß der Schreib/Lesekopf während des Betriebs die Oberflächen der Platten nicht berührt, sondern im Abstand von ca. 0,5 µm über ihnen schwebt. Nur bei stehendem Plattenstapel berührt der Magnetkopf die Oberfläche.

Winchesterspeicher

mit → Winchesterplatten als Speichermedium arbeitender → Massenspeicher hoher Kapazität und kurzer Zugriffszeit, der als Alternative zu → Diskettenspeichern oft in Personal Computern einge-

setzt wird. Diese Festplattenspeicher sind aufgrund ihrer aufwendigen Technik zwar teurer als Diskettenspeicher, bieten dem Anwender dafür aber raschen Zugriff auf ca. 10 MByte Speicherkapazität.

10-MByte-Winchesterspeicher
Foto: Texas Instruments

Window

Feld(er) auf dem Bildschirm, die vom Anwender unabhängig voneinander beschrieben oder gelöscht werden können.

WORD

Textverarbeitungsprogramm der Firma Microsoft

WORDSTAR

Textverarbeitungsprogramm der Firma Micropro

Worksheet

engl. für Arbeitsblatt, Rechenblatt (→ Kalkulationsprogramm).

Wort

Informationseinheit, die ein Rechner parallel (also gleichzeitig) verarbeiten kann. Bei Home- und Personal Computern sind diese Einheiten (Worte) – je nach dem verwendeten → Mikroprozessor – meist 8 oder 16 Bit lang (→ Wortlänge).

Wortlänge

die in Bit angegebene Länge eines → Wortes (Befehlswort, Datenwort) in einem Rechner. Home- und Personal Computer arbeiten – je nach dem verwendeten → Mikroprozessor – überwiegend mit 8- oder 16-Bit-Worten.

XENIX

auf → UNIX basierendes 16-Bit-Mehrbe-
nutzer-Betriebssystem der Firma Microsoft.

XOR

→ Exklusiv-ODER-Funktion

X.25

Von der → CCITT empfohlene → Schnittstelle zwischen → Datenendeinrichtung
(z. B. Rechner) und → Datenübertragungseinrichtung (→ DATEX-P-Netz).

Z

Zahlensystem

Zahlensysteme werden nach ihrer → Basis benannt. Unser gebräuchliches System ist das → Dezimalsystem (Basis 10). In der Computertechnik sind das → Dualsystem (Basis 2) und das → Hexadezimalsystem (Basis 16) dominierend.

oktal	dezimal	hexa-dezimal	dual
0	0	0	0000
1	1	1	0001
2	2	2	0010
3	3	3	0011
4	4	4	0100
5	5	5	0101
6	6	6	0110
7	7	7	0111
10	8	8	1000
11	9	9	1001
12	10	A	1010
13	11	B	1011
14	12	C	1100
15	13	D	1101
16	14	E	1110
17	15	F	1111

Tabelle zur Umwandlung von einem Zahlensystem in ein anderes

Zehnerblock

Separater Teil der → Tastatur zur bequemen Eingabe von numerischen Daten. Er umfaßt die Zifferntasten 0–9 in matrixförmiger Anordnung. Meist sind dem Zehnerblock noch → Funktionstasten zugeordnet.

Tastatur mit separaten Zifferntasten (rechts), denen noch weitere Funktionstasten zugeordnet sind

Zeichen

Zusammenfassender Begriff für Buchstaben, Ziffern und Sonderzeichen.

Zeichendrucker
Bei Home- und Personal Computern werden überwiegend Zeichendrucker eingesetzt. Diese Drucker erzeugen ein Zeichen pro Zeiteinheit. Leistungsfähigere Drucker stellen eine Zeile pro Zeiteinheit dar (Zeilendrucker).

Zeichenfolge
→ Zeichenkette

Zeichengenerator
Der Einsatz als Zeichengenerator ist eins der Anwendungsgebiete von → Festwertspeichern (ROM). Wird z. B. der Buchstabe „A" adressiert, stellt der Zeichengenerator an seinem Ausgang die zur Darstellung des Buchstabens erforderlichen Steuersignale zur Verfügung.

Zeichenkette
Folge von alphanumerischen Zeichen (z. B. Texten), die über einen Variablennamen (symbolische Adresse eines Speicherplatzes) angesprochen werden. Rechner stellen Hilfsmittel zur Zeichenkettenverarbeitung zur Verfügung.

Zeichenvorrat
Menge der → Zeichen, die ein Rechnersystem verstehen, verarbeiten und ausgeben kann.

Zeichen/Sekunde
Die Arbeitsgeschwindigkeit von → Druckern wird oft in dieser Einheit angegeben.

Zeileneditor
→ Editor, der die Bearbeitung von jeweils nur einer Textzeile unterstützt. Komfortabler ist ein → Bildschirmeditor.

Zeilennummer
Die einzelnen Zeilen eines BASIC-Programms erhalten eine Nummer. Damit weiß der Rechner, daß die eingegebenen Befehle nicht direkt ausgeführt werden sollen. Das Programm wird dann in der aufsteigenden Reihenfolge dieser Nummern ausgeführt. Sinnvoll ist es, die Zeilennummern in Zehnerschritten zu vergeben, um bei Bedarf weitere Programmzeilen einführen zu können.

```
10   INPUT A, B
20   LET C = SQRCA*A+B*B)
30   PRINT C
40   END
```

Kurzes BASIC-Programm (Zeilennummern 10–40) zur Berechnung der Hypotenuse C aus den Katheten A und B

Zentraleinheit
Bei Heim- und Personal Computern besteht die Zentraleinheit aus einem 8- oder 16-Bit-Mikroprozessor, einer hochintegrierten → MOS-Schaltung, die → Rechenwerk und → Leitwerk auf einem → Chip realisiert. Weit verbreitete 8-Bit-Zentraleinheiten sind die Mikroprozessoren 6502, Z 80, 6800, 6809 und 8080/8085. Im 16-Bit-Bereich sind die Prozessoren 8086/8088, 68000 und Z 8000 führend. 32-Bit-Mikroprozessoren stehen kurz vor der Einführung.

Bild siehe Seite 100

Zero Page
engl. für „Seite Null". Die „Seite Null" umfaßt den Speicherbereich mit den Speicherstellen 0–255 (00-FF), auf den besonders schnell zugegriffen werden kann.

Zielsprache
Sprache, in die ein Programm übersetzt wird.

Zoll
Die Diagonalen von Bildschirmen und die Maße von Disketten werden überwiegend noch in Zoll angegeben. Ein Zoll sind 2,54 cm.

Zugriff
Zugriff auf eine Speicherzelle bedeutet, daß man Daten aus ihr lesen bzw. in sie abspeichern kann.

Zugriffsart
Grundsätzlich unterscheidet man zwei Zugriffsarten: den → wahlfreien (direkten) Zugriff und den → sequentiellen (seriellen) Zugriff.

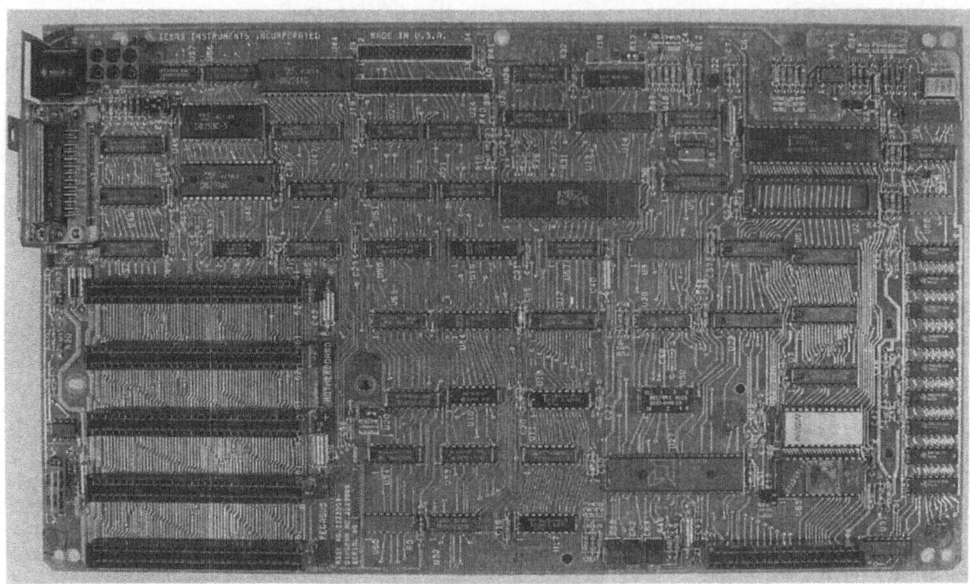

Mother Board mit Intel 8088 CPU
Foto: Texas Instruments

Zugriffszeit

Die Zugriffszeit, d. h. die Zeit, die benötigt wird, um auf gespeicherte Daten zuzugreifen, ist ein wichtiges Kriterium für die Leistungsfähigkeit von Rechnern. Für den Anwender von Home- und Personal Computern ist die sog. mittlere Zugriffszeit auf Platten- bzw. Disketten-Speicher von Bedeutung, die bei ca. 70 bzw. 150 ms liegt.

Zustandsbit

Zustandsbits kennzeichnen besondere Ergebnisse von mathematischen Operationen in der → arithmetisch-logischen Einheit. Sie werden in Abhängigkeit vom jeweiligen Zustand (z. B. Überlauf, negatives Ergebnis, Ergebnis Null) gesetzt oder zurückgesetzt. Wichtige Zustandsbits (hardwaremäßig durch Flipflops realisiert) sind: Übertragsbit, Nullbit, Vorzeichenbit, Paritätsbit etc.

Zwei-Adreßbefehl

Befehl, der in seinem → Adreßteil die Adressen zweier Operanden enthält.

Zweierkomplement

→ Komplement

Zweitanbieter

Elektronische Bauelemente mit gleicher Spezifikation werden oftmals von zwei oder mehreren Herstellern unabhängig voneinander gefertigt. Die Entwicklungsfirma des jeweiligen Bauelements stellt dann den sog. Zweitanbietern die entsprechenden Unterlagen zur Verfügung. Kunden aus dem Militär- oder Postbereich verlangen meist Zweitanbieter für wichtige systembestimmende Bauelemente, um die Lieferfähigkeit abzusichern.

zweiwertig
→ binär

zyklische Blockprüfung
Verfahren zur Sicherung einer fehler-
freien Datenübertragung. Die zu übertragenden Daten werden durch ein Polynom
dividiert, der Rest wird als Prüfzeichen
mitübertragen. Der Empfänger führt bei
den ankommenden Daten die gleiche
Division durch und stellt fest, ob sein
Ergebnis mit dem Prüfzeichen überein-
stimmt, d. h. ob die Daten fehlerfrei
übertragen wurden.

Zykluszeit
bei Speichern die Zeitspanne zwischen
dem Beginn eines Zugriffs und dem
frühestmöglichen Beginn des nächsten
Zugriffs.

Zylinder
Zusammenfassung aller bei einem →
Magnetplattenspeicher untereinander
liegenden → Spuren.

1...

1–2–3
→ integrierte Software der Firma Lotus.
1–2–3 bietet dem Anwender die Funktionen Tabellenkalkulation, Geschäftsgrafik und Datenmanagement.

7-Segment-Anzeige
bei → Flüssigkristall- und Leuchtdioden-Anzeigen häufig verwendetes Verfahren zur stilisierten Darstellung der Ziffern 0 bis 9 und einiger Buchstaben aus 7 einzelnen Geradenstücken (Segmenten). 7-Segment-Anzeigen findet man in Uhren, Taschenrechnern, Meßgeräten, also überall dort, wo keine Texte dargestellt werden müssen.

8–4–2–1-Code
einer der möglichen → BCD-Codes

20-mA-Stromschleifen-Schnittstelle
→ serielle Schnittstelle, die als Alternative zur → V. 24-Schnittstelle in Umgebungen mit hohen Störpegeln eingesetzt wird. Sie arbeitet mit einem eingeprägten Strom von 20 mA.

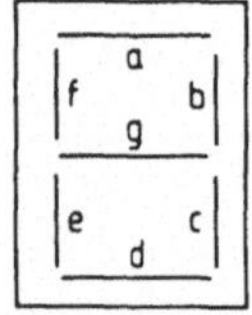

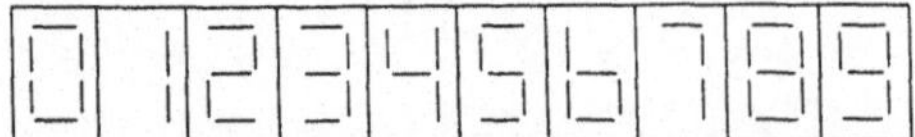

Segmente und Ziffernaufbau bei einer 7-Segment-Anzeige

Register Deutsch-Englisch

A A 1
Abbruch abort 1
Abfrage inquiry 1
Ablaufdiagramm flow chart 1
Ablaufverfolgung trace 1
Abruf fetch 1
absolute Adresse absolute address 1
absolute Adressierung absolute addressing 1
absolutes Programm absolute program 1
Absturz crash 1
ACIA ACIA 1
ACK ACK 2
Ada Ada 2
Adapter adapter 2
Additionsbefehl add instruction 2
Adreßbus address bus 2
Adresse address 3
Adressenmodifikation address modification 3
Adressenrechnung address arithmetic 3
adressieren address 3
Adressierungsart addressing mode 3
Adreßraum addressable storage 3
Adreßregister address register 3
Adreßteil address part 3
ADV EDP 3
Akkumulator accumulator 3
Aktuator actuator 3
Akustikkoppler acoustic coupler 3
ALGOL ALGOL 4
Algorithmus algorithm 4
alphanumerisch alphanumeric 4

Alphazeichen alpha character 4
ALU ALU 4
Amerikanische Tastatur international keyboard 4
analog analog 4
Analog-Digital-Wandler analog digital converter 4
Anforderungszeichen prompt 5
Animation animation 5
anschlagfreier Drucker non-impact printer 5
ANSI ANSI 5
ANTIOPE ANTIOPE 5
Antwort response 5
Antwortzeit response time 5
Anweisung statement 5
Anwender user 5
Anwenderprogramm application program 5
Anwendersoftware user software 6
Anzeige display 6
Anzeigeregister display register 6
APL APL 6
Applesoft-BASIC Applesoft-BASIC 6
Apple Works Apple Works 6
Arbeitsspeicher working storage 6
Arcade-Spiel arcade game 6
Architektur architecture 6
Arithmetik-Prozessor arithmetic processor 6
arithmetischer Befehl arithmetic instruction 7
arithmetischer Überlauf arithmetic overflow 7
arithmetisch-logische Einheit arithmetic logic unit 7

**Bit mit dem niedrigsten Stellen-
wert** least significant bit 17
bitparallel bit-parallel 17
bitseriell bit-serial 17
Block block 17
Blocklänge block length 17
Blockprüfung block check 17
Blockprüfzeichen block check charac-
ter 17
Blocksatz justification 18
Bottom-up-Programmierung bottom-
up programming 18
Bits pro Inch bits per inch 18
Bits pro Sekunde bits per second 18
Bus bus 18
Bus-Steuerschaltung bus controller
18
Bus-Netzwerk bus-typed network 18
Byte byte 18

C C 19
Cache-Speicher cache memory 19
CAD CAD 19
Calcstar Calcstar 19
CAM CAM 19
CAN CAN 20
CCITT CCITT 20
CCP CCP 22
CDOS CDOS 20
Centronics-Schnittstelle centronics in-
terface 20
CEPT-Standard CEPT standard 20
Chip chip 20
Chipauswahl-Signal chip select 20
Chipfreigabe-Signal chip enable 20
CMOS CMOS 20
CNC CNC 20
COBOL COBOL 20
Code code 21
CODEC CODEC 21
codieren code 21
COM COM 21
COMAL COMAL 21
Computer computer 21
Computerausgabe auf Mikrofilm com-
puter output microfilm 21
Computernetz(werk) computer net-
work 21
Computerspiel video game 21

Concurrent CP/M concurrent CP/M
21
CP/M CP/M 22
CP/M-68 K CP/M-68 K 22
CP/M-86 CP/M-86 22
Zeichen pro Sekunde cps 22
CPU CPU 22
CR CR 22
Crossassembler cross assembler 22
Crosscompiler cross compiler 22
CRT CRT 22
Cursor cursor 22

D D 23
Datei file 23
Dateiverwaltung file management 23
Dateiverzeichnis directory 23
Daten data 23
Datenbank database 23
Datenbanksystem data base system
23
Datenbank-Verwaltungssystem data
base management system 23
Datenblock data block 24
Datenbus data bus 24
Dateneingabe data input 24
Datenendeinrichtung (DEE) data termi-
nal equipment 24
Datenerfassung data collection 24
Datenfernübertragung (DFÜ) data
transmission 24
Datenfernverarbeitung teleprocessing
24
Datenflußplan data flow chart 24
Datenkommunikation data communi-
cation 25
Datensatz record 25
Datenschutz data protection 25
Datensicherung data security 25
Datensichtgerät display 25
Datenträger data medium 25
Datenübertragungseinrichtung (DÜE)
data circuit-terminating equipment
25
Datenverarbeitung data processing
25
Datenwort data word 26
Datex-L datex circuit switching network
26

Datex-P datex packet switching network 26
dBase II, dBase III dBase II, dBase III 26
decodieren decode 26
dediziertes System dedicated system 26
Dekrementierung decrementing 26
DEL DEL 26
Deutsche Tastatur DIN keyboard 26
dezentrale Datenverarbeitung decentralized data processing 26
Dezimalpunkt radix point 26
Dezimalsystem decimal system 26
Dezimalzahl decimal number 26
Diagnose-Programm diagnostic program 26
Dialekt version 27
Dialogbetrieb conversational mode 27
Dienstprogramm utility program 27
digital digital 27
Digital-Analog-Wandler digital analog converter 27
Digitalisiergerät digitizer 27
direkte Adressierung direct addressing 27
direkter Speicherzugriff (DMA) direct memory access 27
Disassemblierer disassembler 27
Diskette floppy disk 28
Diskettenbetriebssystem disk operating system (DOS) 28
Diskettenlaufwerk disk drive 28
Diskettenspeicher disk storage 29
Diskettensteuerung floppy disk controller 29
Distanzadresse displacement 29
Dokumentation documentation 29
Doppeleuropakarte double Europa size board 29
doppelte Schreibdichte double density 30
DOS DOS 30
DRAM DRAM 30
Drucker printer 30
Dualcode dual code 30
Dualsystem binary number system 30
Dualzahl dual number 30
duplex duplex 30

dynamischer Schreib-/Lesespeicher dynamic RAM 30
dynamischer Speicher dynamic memory 31

E E 32
E/A (Eingabe/Ausgabe) I/O (input/output) 32
EAN EAN 32
EAROM EAROM 32
EBCDI-Code EBCDI code 32
Echo echo 32
Echtzeitbetrieb real time operating 32
ECMA ECMA 32
Editor editor 32
EDV EDP 32
Einadreß-Befehl single address instruction 33
Einadreß-Maschine single address machine 33
Einbenutzerbetrieb single-user operation 33
Einchip-Mikrocomputer one-chip microcomputer 33
Einerkomplement ones-complement 33
einfache Schreibdichte single density 33
Eingabeeinheit input device 33
Einplatzsystem single-user system 33
einseitig beschreibbare Diskette single-sided diskette 33
Empfänger listener 50
Emulation emulation 33
Entwicklungssystem development system 33
EOT EOT 33
EPROM EPROM 33
EPROM-Programmiergerät EPROM programmer 34
Ergonomie ergonomics 34
ESC ESC 34
ETB ETB 34
Ethernet Ethernet 34
ETX ETX 34
Europakarte Europa size board 34
Exklusiv-ODER-Funktion exclusive OR 34
Externspeicher external storage 34

F F 35
Farbdarstellung colour representation 35
FBAS-Signal colour video signal 35
Fehler bug, error 35
Fehlerbeseitigung debugging 35
Fehlercode error code 35
Fehlererkennung error detection 35
Fehlermeldung error message 35
Fehlersuche debugging 26
Feld field 35
Fenster window 96
Fernschreiber teletype 35
Fernschreibnetz teletype network 36
Fernsehempfänger television set 36
Fernsprechnetz telephone network 36
Festkommadarstellung fixed point representation 36
Festplatte hard disk 36
festverdrahtet hard wired 36
Festwertspeicher read only memory (ROM) 36
FIFO-Speicher FIFO 36
Firmware firmware 36
flüchtiger Speicher volatile memory 37
Flüssigkristallanzeige liquid crystal display 37
Formatierung formatting 37
FORTH FORTH 37
FORTRAN FORTRAN 37
Frequenzumtastung frequency shift keying (FSK) 37
Friday! Friday! 37
Füllzeichen dummy 37
Funktionstaste function key 37

Gatter gate 38
gerade Parität even parity 38
gesperrt disabled 38
Glasfasertechnik glass fibre technology 38
Gleitkommadarstellung floating point representation 38
GPIB-Bus GPIB bus 38
Grafik graphics 38
Grafiktablett graphic tablet 38
Größtintegration very large scale integration (VLSI) 38

Großbuchstaben caps 20
Großintegration large scale integration (LSI) 38

H H 39
halbduplex half-duplex 39
Haltepunkt breakpoint 39
Handbuch manual 53
Handheld-Computer hand-held computer 39
Handshake-Betrieb handshaking 39
Hardsektorierung hard sectoring 39
Hardware hardware 40
Hauptspeicher main memory 40
HDLC-Protokoll HDLC protocol 40
Heimcomputer home-computer 40
Hexadezimalsystem hexadecimal number system 40
High high 40
Hintergrundprogramm background program 40
höhere Programmiersprache high level language 40

IC IC 42
IEC IEC 42
IEC-Bus IEC bus 42
IEC 625 IEC 625 42
IEEE IEEE 42
IEEE 488 IEEE 488 43
Impact-Drucker impact printer 43
Implementierung implementation 43
In-Circuit-Emulator in-circuit emulator 43
Indexloch index hole 43
Indexregister index register 43
Indirekte Adressierung indirect addressing 43
indizierte Adressierung indexed addressing 43
Initialisierung initialization 43
Inkrementierung incrementing 43
Integer-Zahl integer 43
integrierte Schaltung integrated circuit 43
integrierte Software multifunctional software 44
interaktiv interactive 44

Register Englisch-Deutsch

chip Chip 20
chip enable Chipfreigabe-Signal 20
chip select Chipauswahl-Signal 20
clear löschen 50
clock Takt 85
CMOS CMOS 20
CNC CNC 20
COBOL COBOL 20
code Code, codieren 21
CODEC CODEC 21
cold boot Kaltstart 46
colour representation Farbdarstellung 35
colour video signal FBAS-Signal 35
COM COM 21
COMAL COMAL 21
combinational logic kombinatorische Logikschaltung 47
comment Kommentar 47
communication Kommunikation 48
compatible kompatibel 48
compiler Kompilierer 48
complement Komplement 48
computer Rechner 21
computer network Computernetz (werk) 21
computer output microfilm Computerausgabe auf Mikrofilm 21
concurrent CP/M Concurrent CP/M 21
conditional jump bedingter Sprung 12
content addressable memory Assoziativspeicher 9
control bus Steuerbus 82
control character Steuerzeichen 83
control register Befehlsregister 13
control unit Leitwerk 50
conversational mode Dialogbetrieb 27
conversion Umwandlung 90
conversion program Übersetzungsprogramm 90
copy Kopie 48
CP/M CP/M 22
CP/M-68 K CP/M-68 K 22
CP/M-86 CP/M-86 22
cps Zeichen pro Sekunde 22
CPU CPU 22
CR ASCII-Steuerzeichen 22
crash Absturz 1

cross assembler Crossassembler 22
cross compiler Crosscompiler 22
CRT Kathodenstrahlröhre 22
cursor Schreibmarke 22
cycle time Zykluszeit 101
cyclic redundancy check zyklische Blockprüfung 101

D D 23
daisy wheel Typenrad 89
daisy wheel printer Typenraddrucker 89
data Daten 23
data base management system Datenbank-Verwaltungssystem 23
data base system Datenbanksystem 23
data block Datenblock 24
data bus Datenbus 24
data circuit-terminating equipment Datenübertragungseinrichtung (DÜE) 25
data collection Datenerfassung 24
data communication Datenkommunikation 25
data flow chart Datenflußplan 24
data input Dateneingabe 24
data medium Datenträger 25
data processing Datenverarbeitung 25
data protection Datenschutz 25
data security Datensicherung 25
data terminal equipment Datenendeinrichtung (DEE) 24
data transmission Datenfernübertragung (DFÜ) 24
data word Datenwort 26
database Datenbank 23
datex circuit switching network Datex-L 26
datex packet switching network Datex-P 26
dBase II, dBase III dBase II, dBase III 26
debugging austesten, Fehlersuche, Fehlerbeseitigung 10, 26, 35
decentralized data processing dezentralisierte Datenverarbeitung 26
decimal number Dezimalzahl 26
decimal system Dezimalsystem 26

decode decodieren 26
decrementing Dekrementierung 26
dedicated system dediziertes System 26
DEL ASCII-Steuerzeichen 26
development system Entwicklungssystem 33
diagnostic program Diagnose-Programm 26
digital digital 27
digital analog converter Digital-Analog-Wandler 27
digitizer Digitalisiergerät 27
DIN keyboard Deutsche Tastatur 26
direct addressing direkte Adressierung 27
direct memory access direkter Speicherzugriff (DMA) 27
directory Dateiverzeichnis 23
disabled gesperrt 38
disassembler Disassemblierer 27
disk drive Diskettenlaufwerk 28
disk operating system (DOS) Diskettenbetriebssystem 28
disk storage Diskettenspeicher 29
displacement Distanzadresse 29
display Anzeige, Datensichtgerät 6, 25
display register Anzeigeregister 6
document reader Belegleser 13
documentation Dokumentation 29
DOS DOS 30
dot matrix Punktmatrix 69
double density doppelte Schreibdichte 30
double density recording Aufzeichnung mit doppelter Schreibdichte 9
double Europa size board Doppeleuropakarte 29
down time Ausfallzeit 9
DRAM DRAM 30
drive Laufwerk 49
driver Treiber 89
dual code Dualcode 30
dual number Dualzahl 30
dummy Füllzeichen 37
dump Speicherauszug 30
duplex duplex 30
dynamic memory dynamischer Speicher 31
dynamic RAM dynamischer Schreib-/Lesespeicher 30

E E 32
EAN EAN 32
EAROM EAROM 32
EBCDI code EBCDI-Code 32
echo Echo 32
ECMA ECMA 32
editor Editor 32
EDP ADV, EDV 3, 32
emulation Emulation 33
EOT ASCII-Steuerzeichen 33
EPROM EPROM 33
EPROM programmer EPROM-Programmiergerät 34
ergonomics Ergonomie 34
error Fehler 34, 35
error code Fehlercode 35
error detection Fehlererkennung 35
error message Fehlermeldung 35
ESC ASCII-Steuerzeichen 34
ETB ASCII-Steuerzeichen 34
Ethernet Ethernet 34
ETX ASCII-Steuerzeichen 34
Europa size board Europakarte 34
even parity gerade Parität 38
exclusive OR Exklusiv-ODER-Funktion 34
external storage Externspeicher 34

F F 35
fetch Abruf 1
fetch cycle Befehlsholphase 13
field Feld 35
FIFO FIFO-Speicher 36
file Datei 23
file management Dateiverwaltung 23
firmware Firmware 36
fixed point representation Festkommadarstellung 36
flag bit Zustandsbit 100
floating point representation Gleitkommadarstellung 38
floppy disk Diskette 28
floppy disk controller Diskettensteuerung 29
flow chart Ablaufdiagramm, Programmablaufplan 1, 66
formatting Formatierung 37
FORTH FORTH 37
FORTRAN FORTRAN 37
frequency shift keying Frequenzumtastung 37

KByte KByte 47
keyboard Tastatur 86
keyword Schlüsselwort 76
kilobyte Kilobyte 47
kit Bausatz 12

L L 49
LAN LAN 49
large scale integration (LSI) Großintegration 38
laser printer Laserdrucker 49
LCD LCD 49
least significant bit Bit mit dem niedrigsten Stellenwert 17
least significant digit niedrigstwertige
Stelle 60
letter quality printer Schönschreibdrucker 76
LF ASCII-Steuerzeichen 50
LIFO LIFO-Speicher 50
light pen Lichtstift 50
line editor Zeileneditor 99
line number Zeilennummer 99
linear program lineares Programm,
unverzweigtes Programm 50, 92
linker Binder 17
liquid crystal display Flüssigkristallanzeige 37
LISP LISP 50
listener Empfänger 50
listing Listing 50
load laden 49
loader Lader 49
local area network lokales Netzwerk 51
logic Logik 50
logic analyzer Logikanalysator 50
logic operation logische Verknüpfung
51
logic state logischer Zustand 51
logical circuit Logikschaltung 50
logical element Verknüpfungsglied
93
logical instruction logischer Befehl
50
logical operation Verknüpfung 93
LOGO LOGO 51
loop (Programm-)Schleife 75
low Low 51
lpm Zeilen pro Minute 51

lps Zeilen pro Sekunde 51
LSB Bit mit dem niedrigsten Stellen-
wert 51
LSD Stelle mit dem niedrigsten Stellen-
wert 51
LSI LSI 51

machine address Maschinenadresse 53
machine code Maschinencode 53
machine code instruction Maschinenbefehl 53
machine cycle Maschinenzyklus 53
machine language Maschinensprache
53
machine program Maschinenprogramm 53
machine word length Maschinenwort-
länge 53
machine-oriented language maschinenorientierte Sprache 53
macro assembler Makroassem-
bler 53
macro instruction Makrobefehl 53
magnetic head Magnetkopf 52
magnetic character reader Magnetschriftleser 52
magnetic disk storage Magnetplatten-
speicher 52
magnetic ink font Magnetschrift 52
magnetic tape Magnetband 52
magnetic track Magnetspur 53
main memory Hauptspeicher 40
maintenance Programmpflege 68
manual Handbuch 53
mask Bildschirmmaske 15
mass storage Massenspeicher 53
master Originaldiskette 53
matrix display Matrixanzeige 54
matrix printer Matrixdrucker 54
MB MB 54
MBASIC MBASIC 54
MByte MByte 55
MC,μC Mikrocomputer 55
Megabyte Megabyte 55
memory Speicher 80
memory cell Speicherzelle 81
memory expansion Speichererweiterung 80

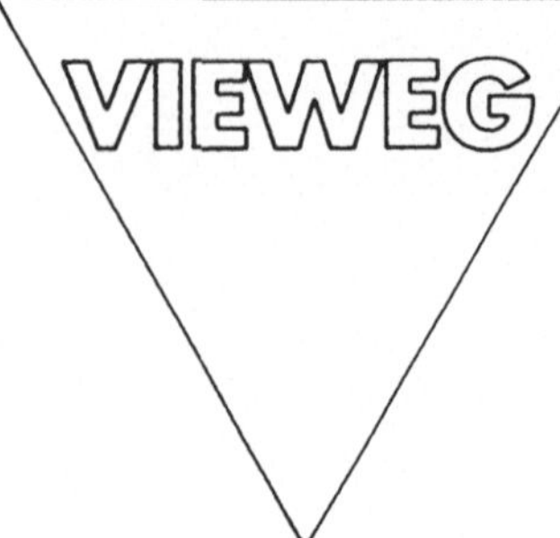

Gerhard Schnell und Konrad Hoyer
unter Mitarbeit von Burkhard Kours

Mikrocomputerfibel

Vom 8-bit-Chip zum Grundsystem. 2., durchges. Aufl.
1983. X, 231 S. 16,2 X 22,9 cm. Brosch.

Das Buch wendet sich an alle, die in der Ausbildung, von Berufs wegen oder als Amateure Zugang suchen zum Bereich der Mikrocomputer. Ihnen bietet das Buch infolge seiner Konzeption eine hervorragende Hilfe: Die Hard- und die Software werden sehr ausgewogen dargestellt entsprechend der Erkenntnis, daß für einen Computer beides gleich wichtig ist. Der Grund dieser Ausgewogenheit ist wohl u.a. die Tatsache, daß als Autoren ein Mathematiker mit langjähriger Programmiertätigkeit und ein erfahrener Elektroniker gleichberechtigt am Werke waren.

Vorteilhaft ist, daß in dem Buch fast alle gängigen 8-bit-Mikroprozessor-Typen ausführlich behandelt werden. Damit wird bewußt die Gefahr vermieden, dem Leser zu suggerieren, es gäbe eigentlich nur diesen einen Typ, den der jeweilige Verfasser nun eben aus seiner Arbeit besonders gut kennt. Alle Programmierbeispiele werden für alle behandelten Mikroprozessoren angegeben, angefangen von einfachen Addierprogrammen bis zu dem nützlichen Uhrenprogramm, mit dem das Mikrocomputer-System als Synchronuhr mit Wecker betrieben werden kann.

In der geschickten, fundierten Darbietung des Stoffes spiegelt sich die langjährige einschlägige Lehrerfahrung der Autoren wider.

Die eingestreuten Aufgaben wurden von einem Studenten betreut, der die spezifischen Lernschwierigkeiten kennt. Zusammenfassend kann man sagen, daß die Mikrocomputerfibel zum Besten gehört, was im Bereich der Mikrocomputer-Technik als Lehrbuch angeboten wird.